Propriedade intelectual, antitruste e desenvolvimento

Propriedade intelectual, antitruste e desenvolvimento

FUNDAÇÃO GETULIO VARGAS
DIREITO RIO

Organizadores
**LUCIANO BENETTI TIMM
PEDRO PARANAGUÁ**

Copyright © 2009 Luciano Benetti Timm e Pedro Paranaguá

Direitos desta edição reservados à EDITORA FGV
Rua Jornalista Orlando Dantas, 37
22231-010 | Rio de Janeiro, RJ | Brasil
Tels.: 0800-021-7777 | 21-3799-4427
Fax: 21-3799-4430
E-mail: editora@fgv.br | pedidoseditora@fgv.br
www.fgv.br/editora

Impresso no Brasil / Printed in Brazil

Todos os direitos reservados. A reprodução não autorizada desta publicação, no todo ou em parte, constitui violação do copyright (Lei nº 9.610/98).

Os conceitos emitidos neste livro são de inteira responsabilidade do autor.

Este livro foi editado segundo as normas do Acordo Ortográfico da Língua Portuguesa, aprovado pelo Decreto Legislativo nº 54, de 18 de abril de 1995, e promulgado pelo Decreto nº 6.583, de 29 de setembro de 2008.

1ª edição — 2009

PREPARAÇÃO DE ORIGINAIS: Claudia Gama

REVISÃO: Fatima Caroni e Carlos Eduardo de Abreu e Lima

DIAGRAMAÇÃO: Leo Boechat

CAPA: Gisela Abad

**Ficha catalográfica elaborada pela
Biblioteca Mario Henrique Simonsen / FGV**

Propriedade intelectual, antitruste e desenvolvimento : o caso da transferência de tecnologia e do software / Organizadores: Luciano Benetti Timm e Pedro Paranaguá. — Rio de Janeiro : Editora FGV, 2009.
184 p.

Inclui bibliografia.
ISBN: 978-85-225-0774-0

1. Inovações tecnológicas. 2. Transferência de tecnologia. 3. Propriedade intelectual. 4. Propriedade industrial. 5. Direito antitruste. I. Timm, Luciano Benetti. II. Paranaguá, Pedro. III. Fundação Getulio Vargas.

CDD – 342.27

Sumário

Apresentação 7

1. Direito e desenvolvimento: inovação, informação e a pobreza das nações *Robert Cooter* 9

    Introdução 9
    Separação entre informação e capital 11
    Política para o crescimento? 14
    Quando maior é melhor 19
    Direito para o crescimento 22
    Déficit de propriedade intelectual 28
    Conclusão 31
    Referências 34

2. Inovações e defesa da concorrência: em busca de uma política que minimize os custos de decisões equivocadas *Luis Fernando Schuartz* 35

    Condutas excludentes ou competição agressiva? 41
    Política de defesa da concorrência e incentivo à inovação 49
    Conclusão 56
    Referências 58

3. Contrato internacional de transferência de tecnologia no Brasil: interseção da propriedade intelectual com o direito antitruste
Luciano Benetti Timm 61

   Introdução 61
   Pressupostos metodológicos 64
   O contexto econômico-político brasileiro da regulação dos contratos internacionais de transferência de tecnologia 68
   Os contratos internacionais de transferência de tecnologia 74
   O modelo regulatório do contrato de transferência de tecnologia no Brasil: da regulação total ao direito de concorrência 77
   Justificativa: por que a transferência de tecnologia deve estar submetida às regras de concorrência? 84
   O novo modelo antitruste brasileiro em relação à transferência de tecnologia 94
   Conclusão 109
   Referências 113

4. Condenados ao conflito? Uma análise do papel da proteção da propriedade intelectual na licença de tecnologia de software e a análise antitruste *Bekhzod A. Abdurazzakov* 121

   Introdução 121
   Aspectos gerais 123
   Interseção 143
   Alternativa 161
   Conclusão 170
   Referências 172
   Apêndice 180

Apresentação

Existe hoje um certo consenso entre os economistas — sobretudo os schumpeterianos — de que o desenvolvimento de uma economia capitalista depende do processo de "destruição criadora" por meio do qual as empresas detentoras de novas tecnologias superam as empresas de tecnologia ultrapassada.

O processo de inovação tecnológica está, portanto, na agenda dos governos de diversos países como mola propulsora do desenvolvimento. Os casos da Coreia do Sul, e mais recentemente a Índia e a China, são paradigmáticos, muito embora os Estados Unidos ainda concentrem grande parte da geração da tecnologia mundial.

Economistas e governos estão de acordo com a necessidade de geração de inovação, mas o que os juristas têm a dizer sobre o assunto? Qual será o papel do direito — se é que existe algum — na promoção da inovação e do desenvolvimento?

O debate sobre esse assunto no Brasil (particularmente na área farmacêutica) se concentra no viés constitucional e de acesso aos direitos sociais, mas acreditamos que os *insights* da economia e do direito comparado trazem também contribuições fundamentais.

Nesta coletânea, o leitor encontrará quatro visões paralelas (e até certo ponto congruentes) e importantes para o debate sobre a interseção entre o direito antitruste e propriedade intelectual.

É um debate relativamente novo no Brasil e que, por isso, pode se aproveitar da discussão no âmbito do direito comparado, sobretudo do caso norte-americano, nascedouro do moderno direito antitruste.

O primeiro capítulo, do professor Robert Cooter, discute o tema da inovação e sua relação com as normas jurídicas, pois, dependendo do modelo de proteção jurídica adotado, podem existir incentivos ou não à inovação. Defende que um bom direito de propriedade, dos contratos e societário é essencial, devendo a expressão "direito" ser traduzida por *law in action*, isto é, um direito eficaz (em sentido kelseniano). Desta forma, Cooter determina a relevância do assunto para o desenvolvimento econômico do país.

O segundo capítulo, de Luis Fernando Schuartz — um dos melhores textos já produzidos no Brasil sobre a matéria —, faz uma reflexão sobre a literatura acerca das relações entre inovação e antitruste.

O terceiro capítulo, de Luciano Benetti Timm, trabalha com a perspectiva específica do modelo regulatório de transferência de tecnologia no Brasil, na ótica da interseção entre propriedade intelectual e antitruste. Utilizando os pressupostos dos textos antecedentes, o autor pontua que na transferência tecnológica existem riscos de abuso de poder econômico que podem gerar o que os economistas chamam de *"tragedy of anti-commons"*.

O quarto e último capítulo, de Bekhzod A. Abdurazzakov, enfoca o tema da proteção do software igualmente a partir das lentes da interseção entre propriedade intelectual e antitruste. O software é um tema-chave para o nosso país, pois é uma das áreas de maior competitividade no cenário internacional.

Esperamos, assim, estimular o debate sobre um assunto ainda novo no Brasil, mas que pode ser muito importante para o incremento de sua inovação tecnológica e consequente desenvolvimento, e que já ocupa sobremaneira governos e acadêmicos norte-americanos, europeus e asiáticos.

Luciano Benetti Timm e *Pedro Paranaguá*

Junho de 2009

1
Direito e desenvolvimento: inovação, informação e a pobreza das nações*

Robert Cooter**

Introdução

O que explica a pobreza das nações? Nas condições do mundo moderno, um sistema jurídico defeituoso causa pobreza nacional. Os juristas distinguem entre o direito que controla o comportamento (ou direito na prática)[1] e o direito meramente legislado (*law on the books*). Quando falo de direito, menciono o direito que controla o comportamento (ou seja, o direito aplicado pelos tribunais e seguido pelas partes), não o direito que é meramente legislado. O direito que controla o comportamento se torna parte das rotinas seguidas por organizações e indivíduos. Quando organizações e indivíduos rotineiramente seguem normas, essas normas se tornam institucionalizadas.

A riqueza de uma nação provém da produtividade de seus cidadãos, que depende de recursos, tecnologia e organização. No passado, uma distribuição desigual de recursos naturais condenou alguns países à pobreza. Devido

---

* Texto baseado na Palestra Mason Ladd, ministrada por Cooter na Florida State University College of Law, em janeiro de 2005, traduzido e adaptado por Luciano Benetti Timm. O autor, juntamente com Hans B. Schaeffer, está expandindo essas ideias em um livro intitulado *Direito e a pobreza das nações*, © 2005, Florida State University Law Review (cf. Cooter e Schaefer, 2005). Para a primeira versão em português, ver Cooter (2007).
** Robert Cooter é Herman Selvin Professor of Law na Universidade da California, Berkeley.
[1] Os autores aqui se valem de uma distinção comumente aceita nos comparatistas da família jurídica do *common law* entre o direito efetivamente aplicado pelos tribunais (*law in action*), ou eficaz segundo a terminologia de Kelsen, e o direito previsto na legislação (*law on the books*). (N. do T.)

às consideráveis melhoras na área tecnológica, as nações agora podem superar insuficientes recursos naturais com tecnologia avançada e organização. No final do último século, a ausência de grandes guerras, o colapso do comunismo, a diminuição de impostos de importação e a redução de custos de transporte removeram a maioria dos obstáculos à troca de produtos e ideias entre as nações. Consequentemente, as barreiras internacionais à aquisição de tecnologia estão quase extintas. À medida que as nações puderem trocar produtos e ideias, elas têm de desenvolver organizações. Através do desenvolvimento de organizações produtivas, todas as nações podem escapar da pobreza.

Com uma adequada estrutura jurídica, as organizações produtivas surgem espontaneamente da competição entre as pessoas. Elas sentem uma rivalidade intensa no que se refere a riqueza. Para obter riqueza, pessoas e organizações podem produzi-la ou tomá-la de outros. Uma economia cresce quando a rivalidade entre as pessoas as direciona para fazer riqueza. O enriquecimento segue à medida que as pessoas competem para melhorar a produtividade das suas organizações. Boas instituições jurídicas permitem uma estrutura de competição para gerar riqueza que enriquece a nação. Por outro lado, uma economia falha quando a rivalidade entre as pessoas as direciona a tomar a riqueza de outros. Quando algumas pessoas tomam a riqueza de outras por meios lícitos ou ilícitos, as vítimas em potencial tentam se proteger. As táticas ofensivas e defensivas das pessoas desviam esforços da produção. Instituições jurídicas inadequadas dão oportunidades para tomar riqueza de outros e empobrecer a nação.

Como juros compostos em uma dívida, o crescimento sustentável se move mais rapidamente do que a imaginação popular pode alcançar. A questão de o crescimento ser mais rápido em nações ricas ou pobres determinará se os padrões de vida no mundo convergem ou divergem. Se as nações pobres crescerem significativamente mais rápido que as nações ricas, a distância entre elas se aproximará surpreendentemente rápido. Por outro lado, se as nações ricas crescerem significativamente mais rápido que as nações pobres, a distância entre elas aumentará surpreendentemente da mesma maneira. De fato, não há um padrão geral para os países pobres de aproximação ou distanciamento ainda maior em comparação com os ricos. Ao invés disso, alguns países pobres cresceram mais rápido que alguns países ricos, encurtando, portanto, a distância entre eles; e alguns países ricos cresceram mais rapidamente que outros países pobres, aumentando, portanto, a distância entre eles.

Para ilustrar, no começo do século passado, a Inglaterra era mais rica (em renda *per capita*) que o Japão, e já no final do mesmo século, o Japão havia se tornado mais rico que a Inglaterra. Em 1900, a riqueza (em renda *per capita*) da Argentina era semelhante à dos Estados Unidos, enquanto o norte da Itália era mais pobre. Hoje, o norte da Itália é mais rico que os Estados Unidos, enquanto a Argentina é mais pobre. Se os resultados atuais continuarem, a China em 2025 chegará a uma posição no mundo que é inimaginável hoje para a maioria das pessoas, enquanto a maioria das nações africanas ficará ainda mais para trás.[2]

A seguir, começo analisando o processo de inovação. Primeiro, explicarei que o crescimento econômico une informação e capital, o que é essencialmente difícil. Depois, conectarei inovação às políticas públicas. Funcionários públicos que confiam em informações públicas não podem prever quais empresas ou indústrias experimentarão rápido crescimento. Consequentemente, políticas industriais que promovam crescimento provavelmente não terão sucesso. Os defensores das políticas industriais de hoje cometem o mesmo erro perpetrado pelos mercantilistas, cujas intervenções na economia Adam Smith atacou como a causa da pobreza das nações. A política industrial não pode unir informação e capital. Finalmente, explico que o direito provê a estrutura para unir informação e capital. Os direitos de propriedade e de contratos, bem como um eficaz direito empresarial (especialmente as normas que regulam os mercados financeiros), criam condições sob as quais a competição naturalmente produz inovação e, com isso, as nações tornam-se ricas. Por outro lado, defeitos sistemáticos nas instituições jurídicas de países pobres retardam a inovação e mantêm os países pobres.

Separação entre informação e capital

Para começar a analisar a inovação, considerem-se dois exemplos. Primeiro, um economista que trabalha em um banco de investimentos de Boston recebeu uma carta que dizia: "Sei como o seu banco pode ganhar $ 10 milhões. Se você me der $ 1 milhão, eu lhe contarei." A carta consistentemente ilustra a separação entre informação e capital no processo de inovação: o banco não quer pagar pela informação sem antes determinar o seu valor, pois o inovador teme disponibilizar a informação para o banco sem antes ser pago. Segundo,

---

[2] O produto doméstico bruto por pessoa na África subsaariana decaiu desde 1975, aproximadamente na ordem de 25% (ver *Economist*, 2005).

um matemático de Berkeley inventou o software bibliográfico Endnote, que muitos agora usam nos seus computadores. Nas primeiras fases do desenvolvimento deste produto, ele tinha esperança e medo de receber uma ligação da Microsoft. A esperança era de que a Microsoft examinasse o Endnote e decidisse comprar a sua empresa, tornando-o rico. O medo era de que a Microsoft examinasse o Endnote e decidisse fazer um produto parecido, levando assim a Endnote à falência. Como o banco de Boston, a Microsoft não pagaria por informações sem determinar o seu valor e, após obter a informação, ela teria menos necessidade de comprá-la.

Esses dois exemplos ilustram o problema de *fazer* ou *tomar* (*make-or-take*) aplicado à inovação. Para estimular inovações, as pessoas que as criam têm de ser remuneradas. Para desenvolver inovações e produtos vendáveis, os inovadores têm de passar informações para os investidores a fim de que estes possam avaliá-las. Depois que a informação lhes é revelada, os investidores podem tomá-la sem qualquer pagamento em troca.

Além disso, esses dois exemplos envolvem inovações de pessoas independentes. O problema da separação entre informação e capital persiste quando o inovador é um empregado de uma grande empresa. Contratar para incentivar empregados a inovar encontra problemas semelhantes a contratar para financiar um inventor independente. Para incentivar seus funcionários, a empresa deve dar ao empregado inovador um direito seguro a uma fração significativa do valor criado pela inovação. Elaborar um contrato de trabalho que alcance esse objetivo é difícil, em parte pela dificuldade em descrever ou avaliar as inovações antes que elas ocorram. O contrato de trabalho, consequentemente, raramente garante ao empregado inovador uma fração significativa do valor criado pela inovação. Como resultado, ele pode não usar integralmente a sua capacidade criativa para a empresa, ou ainda tentar sair da mesma e levar suas inovações consigo.

Para analisar a separação entre informação e capital, explicarei alguns princípios de economia da informação. Os economistas distinguem dois tipos de informação: a pública e a privada. Informações públicas estão disponíveis para todos os que as buscam. Para ilustrar, os princípios gerais da ciência são publicados em livros e ensinados em escolas. Em contraste, as informações privadas estão disponíveis somente para algumas pessoas. Por exemplo, a receita da Coca-Cola é um segredo comercial.

Quando um inovador faz uma descoberta, ele adquire informações valiosas que são privadas porque somente algumas pessoas têm conhecimento disso. Informações úteis que continuam privadas dão ao inovador uma vantagem competitiva sobre seus rivais. A possibilidade de lucros excepcionais atrai as pessoas a empregarem suas energias e criatividade para inovar. Lucros excepcionais, entretanto, também atraem competidores que tentam aprender o que o inventor sabe. Quando os competidores passam a entender o que o inovador sabe, as informações privadas do inovador se tornam públicas. Em geral, a competição converte informações privadas de valor em informações públicas. Isso é verdadeiro para receitas, projetos de máquinas, programas de computador, métodos organizacionais e oportunidades de mercado.

A tendência de converter informações privadas de valor em informações públicas cria um ciclo de vida organizacional característico. Primeiro, alguém inova e obtém capital para desenvolver sua inovação. Uma empresa estabelecida com amplo capital pode empregar o inovador, ou o inovador pode formar uma nova empresa e encontrar investidores externos. Se a inovação for útil, a organização do inovador se beneficiará de lucros excepcionais e se expandirá mais rapidamente que seus competidores. Nessa fase, somente algumas pessoas entendem a inovação. Segundo, competidores começam a descobrir o que o inovador sabe, o que erode seus lucros e diminui a velocidade de crescimento da empresa. Terceiro, competidores assimilam integralmente a inovação, os lucros do inovador voltam ao normal e a empresa para de se expandir mais rapidamente do que seus competidores. Nesse ciclo de vida, o inovador entende a inovação na primeira fase, os inovadores e alguns competidores a entendem na segunda fase, e o público a entende na terceira fase.

Essas três fases no desenvolvimento de uma inovação correspondem mais ou menos às três fases de financiamento de uma nova empresa no Vale do Silício. De acordo com uma expressão local, a primeira fase de financiamento de uma nova empresa vem dos "três Fs": *family* (família), *friends* (amigos) e *fools* (trouxas). Esses *angel investors* ("investidores-anjos") confiam parcialmente em relacionamentos pessoais que desenvolvem a confiança entre o inovador e o investidor. Consequentemente, refiro-me a essa primeira fase como a de "financiamento relacional".

A maioria dos inovadores, entretanto, tem muito poucos relacionamentos pessoais para chegar à escala necessária para financiar o desenvolvimento de uma inovação. Depois do financiamento inicial pelos "três Fs", a segunda fase de financiamento vem de *venture capitalists* ("empreendedores de capital"), que não são *family, friends* ou *fools*. *Venture capitalists* são especialistas em avaliar riscos nas primeiras fases de desenvolvimento de uma inovação. São também especialistas em organizar novas empresas para extrair o valor integral dessa inovação. Ao contrário do financiamento relacional, o *venture capital* é uma forma de financiamento privado.

No Vale do Silício, advogados são intermediários entre inovadores e *venture capitalists*, e advogados são também *venture capitalists*. Para ilustrar, o maior escritório de advocacia do Vale do Silício (Wilson Sonsini Goodrich & Rosati) rotineiramente aceita pagamento de novas empresas na forma de ações preferenciais e dívidas diferidas. O pagamento da dívida é postergado até um "evento de capital significativo", que consiste na primeira oferta pública de ações ou na aquisição da nova empresa por uma empresa já estabelecida. Se a nova empresa não der certo, as ações e a dívida não terão valor, então o escritório não recebe nada.

Na terceira fase, uma nova empresa de sucesso abre seu capital para o público. Para cumprir as normas da Securities and Exchange Commission (a Comissão de Valores Mobiliários norte-americana), a empresa que faz a primeira oferta pública de ações tem de divulgar muitas informações sobre si mesma para o público. Portanto, a terceira fase é a do financiamento público. O movimento do financiamento relacional ao privado e ao público move informações do privado para o público. Conforme a informação se dissemina, o risco decresce e a taxa de lucro cai em direção a uma taxa de retorno ordinária.

Política para o crescimento?

Inovação envolve o descobrimento de algo novo. Para prever o futuro da ciência e tecnologia, é necessário saber o que ainda não foi descoberto. Descobrimento e prognósticos são coisas que normalmente não combinam entre si. Paralelamente aos desenvolvimentos em ciência e tecnologia, a inovação em mercados e organização de negócios é imprevisível por outra razão — estratégia. Em alguns jogos simples, como o jogo da velha, uma pessoa inteligente pode calcular todos os ataques e contra-ataques e prever toda a disputa na sua mente. Esses jogos têm um resultado previsível para os jogadores inteligentes, e é por esse motivo que pessoas inteligentes raramente jogam aquele jogo. Em outros jogos como o pôquer, calcular todas as jogadas é difícil demais e os jogadores diminuem sua previsibilidade através de blefes e variações. No pôquer, uma jogada é imprevisível antes que ela ocorra e inteligível logo após ocorrer. Nesse aspecto, a competição dos negócios se parece com o pôquer. Para cada jogada, há um contra-ataque. A estratégia de maior sucesso é aquela mais difícil de contra-atacar e a jogada mais difícil de contra-atacar é aquela imprevisível.

Visto que uma descoberta começa como informação privada, pessoas com informações públicas não podem prever quais organizações inovarão, quais se tornarão mais produtivas e quais crescerão mais do que seus competidores. O crescimento de organizações econômicas é inevitavelmente imprevisível para o público, inclusive para a maioria dos especialistas e funcionários públicos. Porém, depois que o ciclo de crescimento está completo e a informação privada se torna pública, o público pode entender por que a organização do inovador cresceu tão rapidamente.

Nesse aspecto, as organizações se parecem com mutações. Biólogos raramente podem prever quando as mutações ocorrerão ou até onde os mutantes de sucesso se expandirão. Depois que a expansão para, todavia, os biólogos podem entender o que ocorreu. Para ilustrar, os biólogos não previram o surgimento e a disseminação do vírus da síndrome de angústia respiratória. Com a diminuição da epidemia, contudo, os cientistas mais e mais entenderam suas origens e por que ela se expandiu daquela maneira. Da mesma forma, os economistas não podem prever quais organizações econômicas crescerão em um sistema competitivo, mas os economistas entendem por que uma organização econômica cresceu mais rapidamente que seus competidores depois de ela chegar ao final de seu ciclo de crescimento em virtude da inovação gerada.

A imprevisibilidade da inovação de negócios tem implicações importantes para a legislação e para as políticas necessárias ao fomento do crescimento econômico. Em muitos Estados, funcionários públicos proclamam o objetivo de crescimento econômico e direcionam mercados para consegui-lo. As intervenções envolvem tributos, subsídios, impostos de importação, licenças e regulamentos. Essas intervenções são chamadas de "política industrial", porque a política estatal guia o desenvolvimento industrial, ou de "política de tecnologia", porque a política estatal guia o desenvolvimento tecnológico. Com a política industrial e tecnológica, funcionários públicos escolhem as empresas que crescem. Portanto, são eles que elegem vencedores e perdedores entre as empresas e indústrias.

Com algumas exceções, os funcionários públicos tiveram resultados desoladores na canalização de recursos para auxiliar o crescimento. Para ilustrar, na segunda parte do século XX, muitos países pobres buscaram políticas industriais que favoreceram a indústria mais que a agricultura, a indústria pesada mais que a indústria leve, a indústria suja mais que a indústria limpa, a pesca e o corte de árvores mais que a produção sustentada, e o consumo interno mais que as exportações. A maioria dos economistas vê essas políticas como erros que reduziram o crescimento econômico.

A política industrial também teve resultados desoladores nos países ricos. Por exemplo, o preço do petróleo ajustado à inflação subiu radicalmente do meio dos anos 1970 até 1980, e depois caiu de volta aos níveis baixos onde permaneceu até subir novamente em 2002. Apesar de 20 anos de estabilidade de preço, os funcionários públicos norte-americanos usaram o medo da subida do preço do petróleo para justificar fortes incentivos tributários para a extração de petróleo e direcionaram subsídios para a não econômica extração de óleo de xisto. As previsões de subida de preço do petróleo demonstraram-se erradas, enquanto as previsões de investidores privados que estavam arriscando seu próprio dinheiro nos mercados futuros demonstraram-se corretas. A política do petróleo em todo esse período envolveu uma grande perda dos contribuintes norte-americanos para ganhos privados.

O insucesso da política industrial para estimular o crescimento econômico tem duas causas. A primeira é a motivação. A motivação dos funcionários públicos de gerar riqueza para a nação é baixa, porque eles não podem apropriá-la. Os funcionários públicos podem, porém, tomar para si a riqueza que eles recebem em salários ou propinas. Ao direcionar o desenvolvimento industrial, os funcionários públicos aumentam suas responsabilidades, justificam salários mais altos e também aumentam suas oportunidades para subornos. A política industrial está repleta de favorecimento político, chicana, camaradagem e corrupção. Mesmo assim, algumas pessoas se convencem de que os políticos e os funcionários públicos criarão mais riqueza usando o dinheiro dos outros do que os investidores privados poderão fazê-lo, usando o seu próprio dinheiro.

A segunda causa do insucesso da política industrial é a falta de informação. Mesmo se os funcionários públicos estivessem motivados em gerar riqueza para a nação, eles não têm as informações necessárias para guiar o desenvolvimento industrial. O ciclo de vida da inovação explica a falta de informação. É somente na primeira fase do ciclo de vida que os inovadores descobrem as informações privadas, que só se tornam públicas no fim do ciclo, quando o rápido crescimento termina. Consequentemente, os funcionários públicos não podem prever as taxas de crescimento de empresas competidoras.

Estudos técnicos em finanças explicitam essa previsão. Especificamente, eles demonstram que os investidores que somente possuem informações públicas não podem obter resultados melhores do que os advindos do mero acaso ao tentarem investir em empresas que crescerão.[3] Essa demonstração, cujo nome técnico é "hipótese de mercado eficiente," explica por que poucos economistas são ricos. Os economistas estudam a economia usando predominantemente informações públicas, de forma que não podem obter resultados melhores que não os ditados pelo acaso ao escolher empresas de sucesso. Essa demonstração também sugere que muitos investidores têm pago altas comissões por informações sem valor. Esse entendimento causou mudanças drásticas na forma como muitos investidores privados gerenciam seus portfólios. "Empurrar" refere-se ao dispendioso e desnecessário negócio que gera comissões para gerentes sem aumentar lucros para os investidores. Em vez de pagar gerentes de investimento para escolher ações de crescimento, os investidores privados que estudaram finanças tendem a escolher fundos de pensão "passivos", o que significa fundos cujos gerentes compram um portfólio diversificado e o mantêm.

Da mesma forma que os investidores privados não podem lucrar por meio de compra e venda de informações públicas, salvo por acaso, os funcionários públicos também não podem acelerar o crescimento por políticas públicas, salvo por acaso. Como um corretor que "empurra" o portfólio de um cliente, as políticas que alegam redirecionar o capital para indústrias de crescimento, na maioria das vezes jogam fora recursos sem aumentar as taxas de crescimento. A perda vem do uso de tributos para pagar funcionários públicos para engajarem-se em atividades não produtivas, dos negócios que pagam lobistas para influenciar esses funcionários e do pagamento de propinas.

Os funcionários públicos que atuam com base em informações públicas fazem mais mal do que bem quando tentam resolver o problema da separação entre informação e capital. E nas decisões sobre informações privadas? Algumas pessoas, como os *investment bankers*, têm informações privadas e as usam

---

[3] De acordo com a hipótese de mercado eficiente, os preços de mercado incorporam todas as informações públicas, de forma que nenhum investidor possa ter chances melhores do que o mero acaso ao confiar em informações públicas. Essa é a forma "semiforte" da hipótese de mercado eficiente.

para canalizar investimentos nas organizações que crescem rapidamente. Atuando dessa forma, os *investment bankers* aumentam a taxa de crescimento da economia. Como *investment bankers*, deveriam os funcionários públicos usar informações privadas para tomar decisões econômicas?

Permitir que funcionários públicos invistam em firmas ou indústrias específicas com base em informações privadas acarreta grandes riscos para a nação. De forma semelhante a manobras diplomáticas em questões internacionais, os investimentos públicos baseados em informações privadas envolvem sigilo. Políticas de sigilo impedem discussões públicas, debates e críticas, que são essenciais para reprimir o nepotismo, o favoritismo, a camaradagem e a corrupção em política econômica. Os funcionários que buscam políticas econômicas sigilosas podem desviar riqueza para amigos e camaradas para fins privados. Requerer que funcionários públicos expliquem e justifiquem suas políticas através do uso de informações públicas cria a base para a prestação de contas. Consequentemente, os cidadãos nas democracias frequentemente esperam que os funcionários públicos baseiem suas políticas econômicas em informações públicas.

Explicamos que os funcionários públicos, como investidores privados, geralmente não podem identificar indústrias de crescimento baseados em informações públicas e permitir que funcionários públicos tomem decisões baseadas em informações privadas convida à corrupção. Em algumas circunstâncias, entretanto, funcionários públicos usaram informações privadas com sucesso para tomar decisões de investimento. Por exemplo, os melhores e mais brilhantes funcionários do Ministério das Finanças da Coreia e do Ministério do Comércio Internacional e da Indústria japonês. Como parte de seu *esprit de corps*, esses funcionários têm um entendimento mútuo e confiança que lhes permite dividir informações entre si. Na segunda metade do século XX, ministérios na Coreia e no Japão selecionaram indústrias e firmas para expandir, direcionaram capital para elas e ativamente manipularam mercados. Durante esse período, esses dois países obtiveram rápido crescimento econômico.

Talvez a liderança estatal no desenvolvimento fosse desejável no Japão imediatamente após a II Guerra, e na Coreia imediatamente após a Guerra da Coreia. Naquele momento, os mercados de capitais estavam muito mais fracos do que estão hoje. Além disso, os planos de desenvolvimento nesses países seguiram uma progressão lógica que fez sentido e não necessitou de informações privadas. A progressão lógica primeiramente desenvolveu indústrias manufatureiras relativamente básicas (por exemplo, têxteis e aço), depois seguiu para produtos mais complexos (por exemplo, carros e eletrônicos).

Há controvérsia sobre se o ativismo estatal causou um rápido crescimento na Coreia e no Japão ou se aquele meramente coincidiu com este. Ao direcionar investimentos, o Ministério do Comércio Internacional e da Indústria pode ter causado o florescimento das firmas japonesas nos anos 1950 e 1960, ou pode simplesmente ter participado de um mercado que crescia muito rapidamente sem contribuir para esse crescimento. Para ilustrar esta última interpretação, um artigo recente argumenta que o Ministério do Comércio Internacional e da Indústria não tinha, e nunca teve, mandato para direcionar o crescimento no Japão. Ainda de acordo com esse artigo, os argumentos contrários a essa argumentação foram frequentemente feitos por funcionários com seus próprios interesses e cientistas sociais marxistas com fraco conhecimento sobre mercados.[4] A experiência de Taiwan dá suporte a essa conclusão. Taiwan, que é semelhante em alguns importantes aspectos à Coreia e ao Japão, obteve um rápido crescimento com pouca interferência e direcionamento estatal.

Quando maior é melhor

A economia desenvolvimentista possui uma longa história de defesa das políticas com base na produção em escala. A produção em escala afeta o custo médio. Começando com uma empresa bem pequena, o custo médio de produção normalmente cai com o seu crescimento. Antes de a produção se tornar econômica e a empresa se tornar competitiva, seu tamanho deve alcançar um certo nível mínimo, chamado de "escala mínima eficiente." Por exemplo, um inovador que desenvolve um novo *chip* de computador normalmente tem de alcançar um patamar mínimo de produção antes que o custo médio caia para um nível que atraia consumidores.

Começar uma empresa de sucesso requer a obtenção de financiamentos suficientes para alcançar a escala mínima eficiente de produção. Os aportes financeiros necessários variam bastante de um negócio para outro. A escala mínima para vender frutas em uma carroça nas ruas é pequena e a escala mínima para fabricar televisores é grande. Em alguns casos muito especiais, a escala mínima é

---

[4] Miwa e Ramseyer, 2003.

extremamente grande. Essas são situações em que retornos de escala continuam a crescer mesmo depois de o negócio ser muito grande. Para ilustrar, projetar grandes aviões comerciais é tão caro que o mundo provavelmente tem espaço somente para alguns fabricantes.

Dados os crescentes retornos à escala de produção, um tamanho mínimo é necessário para uma firma ou indústria serem lucrativas e, em algumas situações, mercados de capitais privados não podem prover fundos suficientes para chegar ao tamanho mínimo necessário para obter lucratividade. Muitos economistas desenvolvimentistas pensavam que os países pobres se enquadravam nessas circunstâncias. De acordo com esse entendimento, as empresas privadas em países ricos já excedem o tamanho mínimo para alcançar lucratividade, ao passo que as empresas em países pobres permanecem abaixo do tamanho mínimo de lucratividade. Consequentemente, em países pobres, as firmas precisam de ajuda estatal para crescer até uma escala eficiente. Essa assistência foi organizada pelo direito público, que direcionou a economia.

A "abordagem do direito público" para o desenvolvimento econômico confere um espaço central para o direito administrativo e o regulatório. A abordagem do direito público imagina que os funcionários públicos podem direcionar a economia através da promulgação de normas que não seguem práticas de negócios. Ao disciplinar a economia com essa abordagem, os funcionários públicos fazem que o mercado os siga. Até recentemente, a abordagem do direito público dominou a economia desenvolvimentista. Ao rejeitar a abordagem do direito público, também rejeito a tradição dominante da teoria econômica desenvolvimentista.

Normalmente, os mercados de capitais privados podem suprir fundos suficientes para novas empresas a fim de permitir que elas cheguem ao tamanho necessário à obtenção de lucratividade. Em algumas circunstâncias, entretanto, o tamanho mínimo é tão grande que os mercados privados de capitais têm dificuldade para suprir dinheiro suficiente. Nessas circunstâncias, uma elite burocrática pode usar o dinheiro público para suplementar ou substituir o dinheiro privado. Como exemplo, a União Europeia criou o consórcio da Airbus para alcançar tamanho suficiente para competir com a Boeing, que é uma empresa americana muito grande. Governos europeus subsidiaram substancialmente a criação da Airbus mas, uma vez que uma posição proeminente no mercado mundial foi alcançada, o consórcio foi privatizado e os subsídios foram, alega-se, retirados. A Airbus e a Boieng frequentemente trocam acusações de que seus governos clandestinamente subsidiam a outra empresa, violando as normas da Organização Mundial do Comércio.

A União Europeia foi prudente ao usar fundos para criar a Airbus? Os comentaristas discordam. Talvez a Airbus seja um daqueles casos excepcionais de um bom investimento que é grande demais para o mercado privado financiar. Ou talvez a Airbus seja uma insensatez antieconômica, como o avião supersônico Concorde. O Concorde, cujo serviço comercial começou em 1976 e efetivamente terminou em um acidente com vítimas em Paris no ano 2000, marcou recordes de velocidade para aviões comerciais, mas nunca chegou perto de recuperar os enormes custos de desenvolvimento pagos pela Grã-Bretanha e França. De qualquer modo, os bancos de investimento raramente encontram oportunidades lucrativas que são grandes demais para financiamento privado, enquanto os governos frequentemente fazem enormes investimentos públicos como o Concorde que são demasiadamente não lucrativos para atrair investidores privados.

O argumento em favor da Airbus é o mesmo que os economistas desenvolvimentistas usam para justificar o crescimento liderado pelo Estado em países em desenvolvimento. A ideia básica é que empresas e indústrias não lucrativas em países em desenvolvimento se tornariam lucrativas através do aumento suficiente de seu tamanho. Para levar essas empresas e indústrias à escala mínima eficiente, o Estado fornecia subsídios e proteções tarifárias. Funcionários públicos em muitos países em desenvolvimento canalizaram subsídios estatais para indústrias preferidas e, fora do Sudeste asiático, essas indústrias tiveram resultados desoladores. O argumento de que subsídios para empresas e indústrias gerariam crescimento suficiente para torná-las lucrativas não parece mais verdadeiro em países pobres do que em países ricos.

Embora as políticas industriais e tecnológicas tenham poucas chances de sucesso, os funcionários públicos podem algumas vezes identificar investimentos lucrativos de outro tipo. A indústria precisa de infraestrutura como estradas, água, eletricidade, aeroportos, portos e parques industriais. O desenvolvimento de infraestrutura frequentemente requer grandes áreas territoriais que pertencem a pessoas diferentes. Ao usar o poder de desapropriação, o Estado pode superar o problema, unindo as terras necessárias mesmo dos proprietários que eventualmente se negarem a aceitar os termos da venda. A grande escala desses projetos e os problemas de coordenação criados por eles algumas vezes requerem que o Estado lidere. Enquanto uma política industrial de sucesso requereria informações privadas, o Estado pode construir infraestrutura com sucesso por confiar em informações públicas.

Direito para o crescimento

Em países ricos e pobres, as políticas industriais ou tecnológicas não podem aumentar o passo do crescimento econômico, salvo por mero acaso. Consequentemente, o Estado cumpre uma função indireta ao estimular inovação e crescimento, primeiramente ao suprir infraestrutura e um adequado sistema jurídico. Tendo discutido a infraestrutura brevemente, retorno ao tópico central da estrutura para inovação. Financiar inovação requer algum grau de confiança entre inovador e investidor. A confiança é necessária porque cada um deles corre riscos, riscos esses que o autointeresse da parte cobre imperfeitamente, especialmente nas fases iniciais de inovação. Ao aumentar a confiança entre investidor e inovador ou, equivalentemente, ao fazer a confiança menos necessária, o direito estende os mercados de capitais de finanças pessoais para finanças impessoais e ainda aumenta o fluxo de fundos para inovadores.

Os direitos de propriedade e de contratos são a base da cooperação econômica, inclusive da cooperação entre inovador e investidor. Refiro-me ao princípio da propriedade como afirma a proposição: "pessoas que criam riqueza podem ficar com a maior parte dela".[5] Quando implementado, o princípio da propriedade motiva as pessoas a gerar riqueza ao invés de tomá-la de outrem. Instituições jurídicas devem proteger os criadores de riqueza da depredação por entes privados como gangues criminosas, gerentes de negociatas, contadores desonestos, banqueiros aproveitadores e sindicatos corruptos. Além disso, a estrutura jurídica deve proteger os produtores de riqueza da depredação por funcionários públicos como fiscais tributários, planejadores, órgãos de licenciamento, reguladores e políticos.

A pessoa que prevê que ladrões provavelmente furtarão o resultado de sua atividade tem pouco incentivo para produzir qualquer coisa. A proteção ineficaz de direitos de propriedade tem efeitos econômicos devastadores nas nações mais

---

[5] O princípio de propriedade assume que nós podemos decidir quem faz o quê. Por isso, não é tão fácil separar e combinar seus recursos. Explico depois por que penso que essa objeção é mais filosófica.

pobres, onde o direito falha na proteção a pessoas que geram riqueza da destruição por entes privados e funcionários públicos. Consequentemente, ao invés de produzirem riqueza, as pessoas empobrecem a nação ao competir para tomá-la umas das outras. Para ilustrar, a produção e o transporte de diamantes na África central se aproximam do nível de anarquia, então a África central produz poucos diamantes e recebe por eles muito menos que o preço mundial.[6] Se a anarquia fosse substituída por um sistema de direitos de propriedade, as nações da África central poderiam produzir diamantes com melhor tecnologia, exportá-los através de canais regulares de comércio mundial e receber o preço mundial.

Ao contrário dos ladrões de diamantes, os criminosos em Moscou que ainda vendem segurança não querem tomar tudo de seus clientes. Para vender proteção, deve haver algo para proteger. Tais criminosos tentam impor um "imposto de segurança" que ainda dê espaço para o dono da loja prosperar. Esse exemplo ilustra que a segurança privada da propriedade é melhor do que a anarquia e pior do que boas instituições jurídicas.

Ao lado da inovação, gerar riqueza requer a coordenação dos esforços de pessoas diferentes através de organizações e mercados. As pessoas *coordenam* quando dizem o que vão fazer e fazem o que realmente dizem. De acordo com o princípio contratual, uma pessoa pode voluntariamente assumir uma obrigação jurídica de fazer aquilo que ela diz. A responsabilidade jurídica ajuda as pessoas a confiarem na palavra de outras, especialmente as que não são amigas ou parentes. Quando as pessoas podem confiar na palavra de outras, podem estender sua esfera de cooperação no tempo e no espaço.

Ao reverso, o cumprimento ineficaz da legislação nos países pobres estreita a esfera de cooperação no tempo e no espaço. Direitos contratuais fracos empobrecem a nação por manterem o comércio excessivamente local e as empresas não suficientemente especializadas. Para exemplificar, algumas empresas em Jacarta produzem tecido de algodão e com ele manufaturam roupas dentro da mesma fábrica. Unir vários processos em uma única fábrica permite que seu proprietário monitore o serviço de todos. Mas melhores direitos contratuais permitiriam que o proprietário da fábrica se concentrasse nas atividades que faz melhor e terceirizasse as outras ocupações. Um contrato executável pode diminuir o custo de monitoramento, o que facilita uma produção dispersa, mercados mais amplos e empresas maiores.

---

[6] Este artigo não aborda o abuso hediondo dos direitos humanos.

Nos países pobres, o direito de propriedade e de contratos legislado tende a ser bom. Por razões históricas, o direito de propriedade e de contratos legislado em um país pobre frequentemente se assemelha ao direito de um país rico. Por exemplo, as normas de propriedade e de contratos na Índia e na Nigéria se assemelham ao *common law* inglês, e as leis de propriedade e de contratos na América Latina se assemelham aos códigos civis francês e espanhol. Infelizmente, o direito de propriedade e de contratos legislado em países pobres tende também a ser ineficaz. Por "ineficaz" quero dizer que os direitos de propriedade são violados e os contratos "quebrados" sem que as vítimas tenham acesso aos remédios jurídicos adequados. Na minha visão, o defeito mais destrutivo e fundamental na estrutura jurídica de países pobres é a execução inadequada de direitos de propriedade e de contratos.

Para ilustrar, os tribunais mexicanos avaliam os juros de mora em cobranças de dívidas com taxas abaixo das de mercado. Os devedores, consequentemente, ganham ao usar a lei para retardar pagamentos. Um dos homens de negócios mais ricos do México, Ricardo Salinas, começou a construir sua fortuna ao descobrir como evitar tribunais e ainda cobrar dívidas de pessoas pobres que compravam produtos duráveis de consumo. Para cobrar as dívidas, ele alistou os parentes dos mutuários. A situação é pior na Índia, onde cobrar uma dívida através dos tribunais demora anos ou mesmo décadas. Em alguns países, os juízes regularmente aceitam propinas para decidir um caso. Por exemplo, um amigo indonésio me disse que, em vez de julgar casos, os tribunais de instância inferior os "leiloam".

Como outro exemplo de causas de direito privado ineficaz, as constituições de vários países garantem ao cidadão o direito de ser julgado por um tribunal. No Chile e em outros países latino-americanos, esse direito é interpretado de forma a dizer que os tribunais não devem exigir o pagamento de taxas judiciárias para resolver uma lide. A ausência de despesas judiciais aumenta o número de casos submetidos aos tribunais. Um grande número de casos leva os juízes a julgarem a maioria dos casos com base em documentos escritos, sem argumentos orais nos tribunais.

Mesmo que não exista muita argumentação oral nos tribunais em alguns países latino-americanos, como na Argentina, os advogados das duas partes rotineiramente falam com os juízes sobre os casos fora das audiências, o que mina a neutralidade do juiz. Juízes neutros resolvem disputas com base no direito e em fatos, enquanto juízes tendenciosos resolvem casos com base em fundamentos injustos, inclusive relacionamentos pessoais. Para promover a neutralidade, muitos sistemas jurídicos proíbem as partes em um litígio de se comunicarem com o juiz fora do tribunal. Por exemplo, nos Estados Unidos, um advogado é proibido de jantar com o juiz que está decidindo seu caso. A norma contra comunicações *ex parte* garante que cada parte possa ouvir todos os argumentos da outra parte no tribunal e respondê-los. Na sua ausência, dúvidas sobre a neutralidade do juiz criam incerteza sobre direitos de propriedade e de contratos, o que sobrecarrega a atividade negocial.

Abordarei agora as leis especializadas que são frequentemente construídas sobre propriedade e contratos, como o direito societário, regulação bancária e de mercado de capitais e falências. Comecemos pelo direito societário: quando as pessoas investem em empresas que não controlam, correm o risco de que a pessoa que exerce esse controle exproprie seu investimento; portanto, garantir investidores minoritários contra a expropriação requer leis empresariais eficazes. Desenvolver leis para assegurar títulos de dívida de minoritários é mais difícil do que desenvolver leis para assegurar direitos acionários de minoritários, em razão da essencial diferença entre ações e títulos. Ações dão aos seus proprietários uma parte dos lucros. As pessoas que controlam a empresa podem manipular os lucros divulgados em formas que são difíceis de detectar e provar em juízo. O mercado de capitais não pode florescer na maioria dos países pobres porque as leis societárias e de mercado de capitais oferecem uma proteção ineficiente aos minoritários.

Ao contrário das ações, os títulos de dívida prescrevem um cronograma de pagamento exato que o emissor deve cumprir para não falir. É mais fácil para os tribunais determinar a execução de obrigação de pagamento de títulos do que a obrigação de divisão de dividendos de ações. Consequentemente, os financiamentos em países em desenvolvimento inclinam-se mais para títulos de dívida do que para ações. Recentemente, por exemplo, investidores equatorianos compraram 150 vezes mais títulos de dívida que ações.

Como mutações biológicas, a maioria dos negócios fracassa e poucos têm um sucesso espetacular. Com o objetivo de induzir investidores a financiar negócios que estão começando, esses investidores devem ter o benefício de uma fração substancial dos ganhos, que os compensa pela alta probabilidade de fracasso do negócio. Estimular financiamentos para títulos de dívida e tirá-los de ações priva os investidores dos ganhos, o que os faz menos propensos a investir. Além disso, quando empreendedores têm de assumir empréstimos a juros fixos ao invés de empréstimos contra uma divisão de lucros futuros, o seu risco aumenta. Um mercado de capitais maior, que permita aos empresários vender mais ações e menos títulos de dívida, encorajaria empreendedores a realizar mais negócios e, ao permiti-los, estimularia a divisão de seus riscos. A inclinação no financiamento, tirando-o das ações, suprime investimentos em novas empresas e diminui o ritmo da inovação.

Em muitas comunidades pobres, a terra é o patrimônio mais valioso. Para tomar empréstimos e financiar novos negócios, os empreendedores tencionam hipotecar terras. Para hipotecar terras, o mutuante precisa ter o poder de juridicamente se apropriar da terra de um devedor inadimplente e vendê-la para satisfazer a dívida. Obstáculos jurídicos que impedem mutuantes de retomar a posse de terras também impedem empreendedores de financiar negócios ao usar a terra para garantir empréstimos. Para ilustrar, os índios na Reserva Navajo no Oeste norte-americano frequentemente vivem em *trailers* ao invés de casas. A vantagem de *trailers* sobre casas é que os mutuantes podem retomar a posse sobre *trailers*, ao passo que os tribunais daquela reserva não permitem que pessoas de fora tomem posse da casa de um devedor inadimplente. Em locais como a Reserva Navajo, resolver esse problema envolve desenvolver novas leis e não somente aplicar as já existentes. Desenvolver novas leis é delicado nesse caso, porque a transferência de terras navajenses para pessoas de fora rapidamente erodiria a base social para a existência da nação navajo.

Expliquei que defeitos no direito de propriedade e de contratos permitem que pessoas possam tomar a riqueza umas das outras, conforme ilustrado pelos diamantes africanos e pela segurança em Moscou. Da mesma forma, funcionários públicos usam o direito público para se apossar da riqueza de seus criadores ou entregá-la a seus favorecidos políticos. Nesse caso, ao contrário do direito de propriedade e dos contratos, o defeito não é somente a falta de aplicação da lei. Além disso, o defeito em países pobres está no direito legislado.

Dois tipos de defeitos em direito público produzem maus resultados. Primeiro, quando o direito público cria um poder monopolístico como forma de transferir riqueza de pessoas comuns para os amigos dos políticos. Para ilustrar, muitos países em desenvolvimento têm agências estatais com poder monopolístico sobre a compra e exportação de bens produzidos no interior do país. Em princípio, essas agências "amaciam" as flutuações em preços mundiais de *commodities*. Na prática, essas agências forçam os produtores rurais a vender abaixo do preço mundial. Portanto, Papua Nova Guiné tem uma agência de comercialização de café com o direito exclusivo de comprar grãos de café dos fazendeiros. Licenças e regulamentos são duas outras técnicas para o Estado criar poder monopolístico. Quando um negócio precisa de uma licença compulsória para operar, negar pedidos de licenças de operação restringe a entrada de competidores e cria lucros monopolísticos para os negócios já licenciados. Quando um negócio tem de se adaptar a um regulamento para operar, os regulamentos podem ser desenhados e administrados para restringir a entrada de competidores.

Nos anos 1960, os trabalhadores da British Railway (viação férrea britânica), por cumprirem todas as regras, por vezes, paralisavam o sistema, sem que isso se devesse às greves. Em paralelo, ao criar um monopólio, o segundo efeito do direito público legislado (*public law on the books*) é a regulamentação excessiva. Como "trabalham para regular" (*work to rule*), os funcionários públicos que aplicam regulamentos excessivos sufocam os mercados. Para manterem os mercados operando, os empreendedores frequentemente têm de subornar os funcionários públicos. Funcionários públicos podem sobrecarregar mercados ao aplicar regulamentos excessivos ou aceitar propinas para passar por cima das regras, e, de qualquer forma, a nação perde.

Como exemplo, os regulamentos ambientais na floresta de Lacandon, no sul do México, são aparentemente mais eficazes para gerar propinas para fiscais ambientais do que para reduzir a velocidade da destruição da floresta. O maior efeito desses regulamentos ambientais é supostamente criar uma nova fonte de propinas para os funcionários públicos que não os aplicam e aumentar o custo dos cortes por um montante igual ao custo de subornar funcionários públicos.

Criação de monopólios e super-regulação frequentemente andam juntas. Para ilustrar, uma licença pode criar lucros monopolísticos para o licenciado, que por sua vez pode usar os lucros monopolísticos para pagar propinas ou fazer doações políticas para os funcionários públicos que concedem as licenças. Seguindo a pesquisa de Hernando de Soto, os pesquisadores documentaram a alta carga regulatória para criar uma nova empresa ou entrar em um setor de negócios em países pobres.

Enquanto os governos em países pobres super-regulam em muitas áreas, o direito público é subdesenvolvido e subaplicado em outras áreas. Por exemplo, peixes são pescados em recifes filipinos por dissipação de cianeto sobre a água. Para que os peixes possam ser mais facilmente apanhados, usa-se o cianeto para estonteá-los, mas esta substância acaba alcançando o fundo do mar, matando a maioria dos seres vivos que lá habitam. Os recifes filipinos e a floresta de Lacandon são somente dois exemplos em que pessoas gananciosas destroem os recursos naturais porque as leis ambientais são ineficazes. Esse comportamento é racional para alguns indivíduos e irracional para a sociedade. Para ilustrar, a pesca excessiva é tão danosa em todas as maiores áreas de pesca do mundo que esta atividade cresceria se menos trabalho e capital fossem gastos na pesca. A pesca comercial moderna é análoga a uma fábrica com trabalhadores demais: reduzindo o número de trabalhadores, aumentaria a produção total.

Déficit de propriedade intelectual

Expliquei alguns defeitos na estrutura jurídica para inovação em países pobres: direito de propriedade, contratos e empresarial ineficazes, bem como super-regulação através do direito público. Agora trato da função da propriedade intelectual no desenvolvimento econômico. Para analisar o direito da propriedade intelectual, explicarei dois diferentes tipos de informação. A "informação explícita" refere-se àquela que é facilmente reduzida a uma afirmação ou fórmula que, por sua vez, pode ser transmitida a baixo custo de uma pessoa a outra. A informação explícita envolve especialmente ciência e tecnologia, como planos de engenharia, processos químicos e programas de computador. Em contraste, a "informação implícita" refere-se a algo que a pessoa sabe e não pode facilmente explicar a outros, de maneira que eles possam entender. Uma pessoa pode, por exemplo, não conseguir explicar totalmente seus pressentimentos para uma oportunidade de investimento, sua intuição sobre a confiabilidade de uma promessa ou o modo como a firma, de uma forma geral, resolve certos problemas. Palpites, intuições e conhecimento adquirido são formas de informações implícitas. Os empreendedores tendem a confiar nelas ao desenvolver novas organizações ou mercados.

As inovações tecnológicas são frequentemente explícitas, e a inovação empreendedora é frequentemente implícita. As inovações de sucesso econômico com frequência combinam tecnologia e empreendedorismo. Para ilustrar, um inventor de uma nova máquina pode patentear seu descobrimento de forma inteligível para engenheiros, mas pode ter dificuldade em convencer os investidores que compradores aprovarão o novo produto produzido pelo objeto patenteável.

O direito protege os proprietários por meio de indenizações por danos e de tutelas inibitórias contra interferências futuras. Para obter essa proteção, o direito de propriedade tem de ser definido o suficiente para verificar danos e interferências. A informação explícita é frequentemente precisa o suficiente para esse fim. Consequentemente, o direito de propriedade intelectual — cujas principais subdivisões são patentes e direitos autorais — protege muitas inovações tecnológicas.

Para inovações explícitas, o inovador teme falar sobre sua descoberta para investidores por medo que seja furtada. O inovador tem que confiar nos investidores o suficiente para lhes passar informações explícitas antes de obter o pagamento integral. Direitos de propriedade intelectual em tecnologia ajudam a garantir essa confiança. Consequentemente, o direito de propriedade intelectual é importante para a inovação tecnológica.

Ao mesmo tempo em que têm de se resguardar contra o roubo de informações explícitas, os inovadores devem se esforçar para fazer com que as informações implícitas sejam entendidas. Para informações implícitas, o investidor deve confiar no inovador o suficiente para lhe dar dinheiro antes de entender totalmente a inovação. Para ilustrar, uma seguradora pode ter dificuldade em convencer os investidores externos de que encontrou uma forma melhor de organizar sua equipe de vendas.

Como todos os direitos de propriedade, as patentes e os direitos autorais são somente tão bons quanto a possibilidade do seu proprietário em tê-los aplicados. Os direitos de propriedade intelectual são mais difíceis de proteger do que os direitos imobiliários. Norte-americanos, por exemplo, furtam muito mais softwares que imóveis. Ineficiências na aplicação de direitos de propriedade intelectual nos Estados Unidos são exacerbadas na maioria dos países pobres onde a proteção da propriedade intelectual é fraca.

Informações implícitas são normalmente imprecisas demais para todos compartilharem-nas, então o direito de propriedade intelectual raramente as protege. Para exemplificar, recentes tentativas de estender patentes para "processos negociais" nos Estados Unidos tiveram pouco sucesso e fortes críticas. Portanto, uma seguradora não pode patentear uma nova forma de organizar sua equipe de vendas. O direito de propriedade intelectual, consequentemente, não é tão importante para inovações empreendedoras. Entretanto, onde o direito de propriedade intelectual fracassar, o direito de segredos industriais por vezes poderá ter sucesso.

Conforme mencionado, as informações explícitas referem-se especialmente à ciência e tecnologia que pessoas educadas produzem em laboratórios e universidades. Os países ricos têm relativamente mais pessoas educadas, laboratórios bem equipados e universidades superiores. Consequentemente, as inovações explícitas ocorrem com mais frequência em países ricos. Por essa razão, o direito de patentes, direitos autorais e segredos industriais é mais importante para o crescimento econômico em países ricos do que em países pobres. Em alguns casos, os países pobres terão melhores resultados tomando as inovações explícitas dos países ricos ao invés de criá-las. Por exemplo, muitos países latino-americanos historicamente se negaram a reconhecer patentes farmacêuticas. Os cidadãos desses países, consequentemente, tiveram acesso a baratos remédios genéricos. Da mesma forma, a China historicamente não bane software pirateado, então os chineses tiveram o benefício de cópias baratas de programas de computador do exterior.

Essas práticas, entretanto, cada vez mais arriscam a violação de acordos internacionais e a provocação de retaliações. De fato, os países ricos diminuíram os impostos sobre importações de países pobres em troca destes concordarem em proteger a propriedade intelectual dos cidadãos de países ricos. Quando os países pobres fracassam em proteger a propriedade intelectual, os países ricos podem retaliar cortando as importações ou criando entraves à sua produção doméstica. Para ilustrar, a circulação de cópias ilegais de filmes na China prejudica os produtores de filmes chineses, não somente os de Hollywood. Por essas razões, a vantagem para os países pobres de não proteger os direitos de propriedade intelectual pode encolher ou desaparecer.

Agora passo das informações explícitas para as implícitas. Ao competir em mercados mundiais, os países tendem a se especializar em outros bens que podem produzir mais barato do que outros países. A vantagem comparativa em custo vem especialmente do uso intensivo de fatores baratos na produção. O fator de produção que os países pobres têm em abundância é a mão de obra barata. O desafio é colocar trabalhadores de baixos salários em organizações que liberam sua produtividade. Vencer este desafio não é tanto um problema de obter tecnologia como o de usá-la. Aprender a usar tecnologia envolve cooperar de novas maneiras através de inovações em organizações e mercados.

Para ilustrar, um trabalhador que emigra de um país pobre e consegue um emprego em um país rico obtém um radical crescimento de salário, que se reflete em um radical aumento de produtividade. A produtividade do imigrante cresce radicalmente porque seu trabalho é inserido em uma organização melhor, com tecnologia mais adequada. Para aumentar a produtividade dos trabalhadores, o país pobre tem de melhorar sua organização e marketing. Por exemplo, em 1942, quatro amigos na Índia criaram a Asian Paints. Em 25 anos, a Asian Paints se tornou a maior empresa de tintas da Índia e hoje em dia se situa, em vendas, entre as 10 maiores empresas de revestimentos decorativos do mundo. Seus fundadores tiveram que criar uma empresa eficiente para obter vantagem dos relativos baixos níveis salariais da Índia. Os cientistas indianos e as empresas estrangeiras forneceram a tecnologia, mas os empreendedores forneceram a organização.

Sob condições modernas, boas organizações podem obter tecnologia. O problema mais difícil para os países pobres é desenvolver boa organização. Por isso o problema de inovação em países pobres é menos tecnológico e mais empreendedor. A inovação de empreendimento, que se refere a inovações em organizações e mercados, é a forma mais crucial de inovação para crescimento econômico em países pobres. A inovação empreendedora na maioria das vezes envolve informações implícitas. Ao contrário das informações explícitas, informações implícitas são relativamente difíceis de transmitir, de forma que tendem a permanecer dentro da organização dos inovadores por algum tempo. Para recompensar empreendedores pela inovação implícita, o direito primeiramente necessita assegurar os direitos de cada organização para o valor que ela produz. Essa é uma questão que diz respeito à aplicação dos direitos materiais de propriedade, e não a um problema mais difícil, que diz respeito à aplicação dos direitos de propriedade intelectual. Para promover a inovação empreendedora, os países pobres não precisam estender o direito de propriedade intelectual para cobrir inovações em organização de negócio. Nos Estados Unidos, as patentes foram estendidas a alguns tipos de inovações em organizações de negócio e muitos economistas consideram essas "patentes de processos de negócios" um erro infeliz na política de patentes dos Estados Unidos.

Conclusão

A inovação econômica ocorre quando alguém descobre um melhor caminho para fazer coisas ou coisas melhores para fazer. Somente algumas pessoas inicialmente sabem sobre uma inovação. Implementar uma inovação requer combinar informações privadas com capital, o que apresenta um problema inerente de confiança entre inovador e financiador. Como os funcionários públicos devem atuar com base em informações públicas, as políticas industriais não podem ajudar a resolver o problema. Ao contrário, a política industrial é o equivalente estatal a "empurrar" um portfólio pessoal a investimentos pouco lucrativos.

O direito ajuda a resolver esse problema ao prover uma estrutura de comprometimento e coordenação construída à luz da natureza humana. As rivalidades econômicas entre as pessoas são intensas. As rivalidades direcionadas para fazer riqueza enriquecem a nação, enquanto as rivalidades direcionadas a tomar riqueza a empobrecem. Dois princípios fundamentais direcionam as rivalidades a fazer riqueza. O princípio da propriedade afirma que as pessoas que fazem riqueza podem ficar com a maior parte dela. Quando predadores privados ou públicos violam esse princípio, os rivais são desviados da produção da riqueza para a apropriação da riqueza. O princípio dos contratos permite que as pessoas se comprometam a fazer o que elas dizem, então elas coordenam o comportamento e atingem uma escala eficiente em organizações e mercados.

Respondendo a esses fatos, os países ricos confiam majoritariamente no setor privado como motor de crescimento, com o setor público fornecendo uma estrutura jurídica e bens públicos. O melhor curso para os países pobres é fazer o mesmo. Infelizmente, muitas teorias de desenvolvimento econômico consideram os países pobres exceções que requerem mais liderança estatal e regulação. O crescimento dirigido pelo Estado faz com que as políticas industriais e o direito administrativo poluam os direitos de propriedade e contratos. No século XVIII, Adam Smith causou uma revolução intelectual ao demonstrar que os monopólios criados pelo Estado, inclusive aqueles criados indiretamente por licenças e regulações, custam ao público muito mais que os lucros obtidos pelos beneficiários.

Todas as nações agora têm a oportunidade de escapar da pobreza ao desenvolverem organizações produtivas. Uma nova estrutura jurídica faz organizações produtivas se desenvolverem naturalmente por meio da competição entre pessoas. A maioria dos países pobres tem a adequada legislação de propriedade e de contratos, mas esta é ineficaz. Os direitos de propriedade e dos contratos ineficazes são o pior defeito nas leis dos países pobres. As reformas jurídicas têm de objetivar o aumento do efeito do direito privado e reduzir as regulações no direito público.

Os princípios morais sobre furtar e mentir são abstratos e vagos, então sua aplicação aos negócios é frequentemente indeterminada. O direito dos negócios remedia o problema ao estipular boas práticas detalhadamente. O melhor direito dos negócios identifica as melhores práticas de negócios e eleva-as ao nível de obrigações jurídicas. Por exemplo, algumas maneiras de organizar uma empresa são mais eficazes que outras e um bom direito dos negócios faz com que sejam cumpridas as práticas das boas empresas. Já expliquei que inovação de empreendedores começa com informações que depois se tornam públicas. Também expliquei que especialistas, inclusive advogados e economistas, não podem prever as inovações mais empreendedoras. Consequentemente, as melhores práticas de negócios tendem a evoluir em formas que juízes e advogados não podem prever. Por essa razão, juízes e advogados que fazem normas de negócios frequentemente têm de seguir boas práticas de negócios, não liderá-las.

No século XVIII, por exemplo, o juiz Mansfield modernizou o direito inglês sobre instrumentos financeiros ao entender as melhores práticas que os bancos mercantis de fato seguiam, daí elevando estas ao nível de norma vinculante. Da mesma forma, Karl Llwellyn seguiu a mesma filosofia que Mansfield quando organizou o projeto do Uniform Commercial Code, que produziu a mais importante legislação comercial do século XX nos Estados Unidos.

Uso o termo "modernização de mercado" para me referir ao processo de elevação dos processos de negócios ao nível de lei. A modernização de mercado requer o desenvolvimento do direito dos negócios para seguir as inovações em mercados e nas organizações. A inovação ocorre mais rapidamente quando o mercado lidera e o direito segue por duas razões. Primeiramente, a trajetória de inovação empreendedora é imprevisível com base nas informações públicas. Já que o direito é baseado em informações públicas, o direito dos negócios se desenvolve em resposta às inovações negociais depois que elas se tornam conhecidas pelo público. A informação conhecida por funcionários do Judiciário está atrás das inovações em práticas negociais, então a inovação ocorre mais rápido quando a prática de mercado lidera e a lei se adapta a ela. Segundo, aprender sobre mudanças normativas impõe um pesado custo de transação sobre os negócios. Como os homens de negócios não têm tempo para se tornarem advogados, eles na maioria das vezes usam a moralidade e as normas negociais como seu guia para fazer o que as normas jurídicas requerem. Desde que eles cumpram com a moralidade e as práticas de negócio aceitáveis, eles esperam se manter confortavelmente dentro da lei. Quando querem se envolver em práticas vorazes que violam a moralidade ou as práticas negociais aceitáveis, eles consultam um advogado. Entretanto, se o direito se afasta da moralidade ou das práticas de negócios, os homens de negócios devem constantemente consultar advogados ao desenvolver estratégias de negócios. Expliquei que, quando a lei segue as normas jurídicas, os negócios podem continuar com relativamente baixos custos de transação e que, quando o direito se afasta das normas negociais, os custos de transação aumentam radicalmente.

Referências

COOTER, Robert. Direito e desenvolvimento: inovação, informação e a pobreza das nações. Tradução de Luciano Benetti Timm. *Revista de Direito Público e da Economia*, Belo Horizonte: Forum, 2007.

_____; SCHAEFER, Hans B. Law and development. *Florida State University Law Review*, v. 33, p. 373, Winter 2005.

MIWA, Yoshiro; RAMSEYER, J. Mark. Capitalist politicians, socialist bureaucrats? Legends of government planning from Japan. *Antitrust Bull*, v. 48, p. 595, 2003.

The $ 25 billion question-aid to Africa. *Economist*, p. 24-26, July 2, 2005.

2
Inovações e defesa da concorrência: em busca de uma política que minimize os custos de decisões equivocadas

*Luis Fernando Schuartz**

Este livro esquenta o debate sobre um tema que, apesar de figurar atualmente entre os mais importantes da política e do direito de defesa da concorrência, é ainda infelizmente subexplorado no Brasil. O tema da relação entre defesa da concorrência e propriedade intelectual aparece em todos os cantos da literatura antitruste americana e europeia mais recente e forma um vasto e complexo campo de estudo, riquíssimo em implicações relevantes dos pontos de vista teórico e prático. No que se refere ao controle das concentrações econômicas, por exemplo, ele está na raiz da introdução do conceito de *innovation markets* e das discussões que a ela se seguiram, com relação a eventuais ajustes nos instrumentos e na metodologia de análise tradicionalmente utilizados para a identificação dos efeitos de fusões, aquisições e *joint ventures*.

Quanto à investigação de condutas anticompetitivas, o assunto também é fonte permanente de controvérsias. Nas restrições horizontais, a valorização dos acordos de cooperação entre concorrentes, para fins de desenvolvimento de novas tecnologias, novos produtos ou novos processos produtivos, expandiu o terreno de aplicação da "regra da razão" e problematizou as demandas pelo desenho de fronteiras relativamente seguras entre licitude e ilicitude *per se*. E, quanto às restrições verticais e práticas predatórias, basta que pensemos nas discussões que se iniciaram por ocasião dos casos Microsoft ou por questões suscitadas

---

* Mestre em direito administrativo e doutor em filosofia do direito pela Johann Wolfgang Goethe Universität, Frankfurt. Atualmente é professor titular da Fundação Getulio Vargas e vice-diretor acadêmico da Escola de Direito da FGV no Rio de Janeiro.

pelas possíveis acusações de recusas unilaterais de contratação, litigância predatória (*sham litigation*) ou então *settlements* anticompetitivos relativos a patentes, segredos de negócios e direitos autorais.

A relação entre proteção da propriedade intelectual e defesa da concorrência sempre foi tensa, ainda que as preocupações de lado a lado tenham variado de intensidade e de sinal ao longo dos anos. A natureza desta relação, que, até talvez meados da década de 1980, era percebida por muitos como de *oposição* entre políticas públicas conflitantes, passou, mais recentemente, a ser concebida como uma relação de *complementaridade* entre tais políticas. A mudança de atitude veio a reboque de uma nova compreensão dos objetivos normativos que caberia à política da concorrência defender e promover.

"*Innovation is king*" é um dos subtítulos de uma reportagem da revista *Business Week*, de 15 de maio de 2000, intitulada "*Reshaping antitrust policy*", em que se lê a seguinte afirmação: "*Traditionally, regulators focused on whether companies artificially hiked prices or restricted output. Now, they're increasingly likely to look first at whether corporate behavior aids or impedes innovation*".[1] Esta afirmação pode não refletir acuradamente a prática institucional das autoridades antitruste norte-americanas, à época e posteriormente, na medida em que as preocupações "estáticas" continuaram sendo relevantes e decisivas para a política de defesa da concorrência com respeito a um conjunto bastante significativo de comportamentos e situações,[2] mas ela serve como um bom ponto de partida para se entender a mudança de atitude a que se fez menção antes.

Talvez a grande preocupação que tenha pautado a discussão sobre política da concorrência nos Estados Unidos nos anos 1990 — e siga pautando, como adiante veremos — tenha sido a de evitar o "uso do antitruste para subverter a competição",[3] ou, em outras palavras, a da *perversão* do direito de defesa da concorrência. Uma decisão gera um efeito perverso quando produz precisamente o oposto ao que pretendia. Em particular, decisões de uma autoridade antitruste serão perversas quando, visando defender a concorrência em um determinado mercado relevante, produzirem o efeito de inibi-la ou limitá-la. Decisões com efeitos perversos, logo, não são apenas decisões equivocadas, mas sim decisões *incoerentes* nos seus próprios termos. Historicamente, é plausível

---

[1] Todas as citações em inglês deste capítulo não foram traduzidas a pedido do autor.
[2] Ver a respeito Gilbert e Tom (2001).
[3] Baumol e Ordover, 1985.

conjeturar que a preocupação com a perversão da defesa da concorrência tenha se tornado uma preocupação institucional das autoridades norte-americanas no final dos anos 1980, com a pressão exercida pelos produtores asiáticos, em especial os japoneses, sobre a competitividade das empresas norte-americanas. Entre as causas da perda de competitividade das empresas americanas com relação aos produtores asiáticos, contavam-se, entre outras, o insuficiente rigor na proteção de direitos de propriedade intelectual aliado ao excessivo rigor na aplicação das normas de defesa da concorrência diante de práticas que passaram a ser percebidas como necessárias para reverter o mencionado processo de perda de competitividade.

Os *insights* de Schumpeter sobre a relação entre inovações e desenvolvimento econômico (de *Teoria do desenvolvimento econômico*, 1911), e o significado pró-competitivo da busca por lucros supranormais mediante a adoção de certas "práticas monopolísticas", supostamente indispensáveis à criação dos incentivos apropriados à adoção de estratégias de inovação (de *Capitalismo, socialismo e democracia*, 1950), foram reatualizados com o auxílio de ferramentas teóricas e metodológicas mais sofisticadas, e revigorados com evidências empíricas.[4] Para a política de defesa da concorrência, a incorporação dessas ideias reorganizou o material a partir do qual são extraídas as orientações normativas fundamentais para a interpretação e aplicação da legislação pertinente. Este novo quadro de referência teórico está ilustrado nas figuras 1 e 2. A separação se explica em razão dos diferentes graus de contestabilidade (e em consequência dos diferentes graus de confiança nas respectivas propostas normativas) da afirmação das relações de determinação representadas em cada uma das figuras. O grau de contestabilidade da afirmação das relações exibidas na figura 1 é inferior ao da afirmação das relações exibidas na figura 2, a qual, especificamente, está sujeita a controvérsias relevantes quanto ao detalhamento das características da apropriabilidade dos ganhos associados a condutas de inovação pelo inovador (como condição para um investimento agregado ótimo em inovações), e das características institucionais (*e.g.*, maior proteção a direitos de propriedade intelectual e maior relaxamento da legislação de defesa da concorrência) que condicionariam a obtenção de tal apropriabilidade (do tipo previamente detalhado).

---

[4] No campo da teoria do crescimento econômico, ver, para um exemplo, Aghion e Howitt (1990). A literatura sobre organização industrial de inspiração schumpeteriana é bastante extensa, assim como o seu subconjunto relativo à teoria antitruste. Para citar um exemplo também do final dos anos 1980 e início dos anos 1990, ver Jorde e Teece (1990).

Figura 1
Relações de determinação I

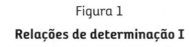

Figura 2
Relações de determinação II

As contrapartidas normativas, por sua vez, derivam da inversão da direção das setas que conectam cada tipo de condicionante ou fator de determinação. A cadeia se inicia com a afirmação da desejabilidade social do crescimento econômico e, a partir daí, segue adiante, via desejabilidade da obtenção da quantidade ótima de investimento em inovações, até o detalhamento das características do sistema jurídico que seriam necessárias para a verificação da referida quantidade. Essas características incluem um fortalecimento dos direitos de propriedade intelectual e uma suavização da legislação de defesa da concorrência, em particular no que se refere aos acordos horizontais não qualificáveis como cartéis *hard-core*, às concentrações econômicas que gerem ganhos significativos de eficiências dinâmicas e às condutas unilaterais que expressem objetivos de competição agressiva relacionados à proteção e promoção de esforços de inovação (ainda que impliquem perda de eficiência estática e aumentos dos preços a curto prazo).[5] Esta linha conduz à concepção da política de defesa da concorrência

---
[5] Para uma posição contrária, ver Brennan (2007).

como *complementar* à política de fortalecimento da proteção de direitos de propriedade intelectual, e conectada a esta pela preocupação com a viabilização da apropriabilidade privada dos ganhos produzidos por condutas inovadoras e a criação de incentivos adequados para a sua adoção — uma preocupação comum a qualquer política que procurasse estimulá-las.

Nos Estados Unidos, essa reorientação ganhou expressão institucional em documentos como os *Guidelines for the licensing of intellectual property*, editados em 1995 pela FTC e pela Divisão Antitruste do Departamento de Justiça, nos quais se afirma, logo no início, o seguinte:

> *The intellectual property laws and the antitrust laws share the common purpose of promoting innovation and enhancing consumer welfare. The intellectual property laws provide incentives for innovation and its dissemination and commercialization by establishing enforceable property rights for the creators of new and useful products, more efficient processes, and original works of expression. In the absence of intellectual property rights, imitators could more rapidly exploit the efforts of innovators and investors without compensation. Rapid imitation would reduce the commercial value of innovation and erode incentives to invest, ultimately to the detriment of consumers. The antitrust laws promote innovation and consumer welfare by prohibiting certain actions that may harm competition with respect to either existing or new ways of serving consumers.*

Doze anos mais tarde, em um relatório editado novamente em conjunto pelas duas agências governamentais contendo um balanço acerca do período de vigência dos *Guidelines*, encontra-se também, de saída, um discurso virtualmente idêntico, com a afirmação explícita de que "*antitrust and intellectual property are properly perceived as complementary bodies of law that work together to bring innovation to consumers*".[6] Não obstante, os resultados dos *hearings* realizados desde 2002 e que basearam o relatório deixam registrada, apesar do consenso quanto a orientações abstratas e proposições bastante genéricas e de pouca operacionalidade, a maior contestabilidade das recomendações mais específicas sobre o papel da política de defesa da concorrência ante restrições envolvendo direitos de propriedade intelectual e da garantia da produção das quantidades desejadas de inovações.

---

[6] Federal Trade Commission/U.S. Department of Justice (2007:2). Ver ainda Barnett (2007).

Para além dos pontos de dissenso identificados no documento conjunto da FTC e do Departamento de Justiça, existem várias questões teóricas mais gerais que, até hoje, permanecem em aberto e à espera de respostas suficientemente determinadas para fins de solução dos casos concretos, questões que, portanto, exigem, no campo do direito de defesa da concorrência, *escolhas políticas* que garantam as doses requeridas de segurança jurídica e decidibilidade *apesar e, sobretudo, em virtude* das incertezas do ponto de vista teórico.[7] A natureza política destas escolhas decorre, assim, de lacunas de conhecimento (ou "epistêmicas"); e o seu enfrentamento requer que se supere uma "ilusão de certeza"[8] e se ponderem as implicações dos *riscos* e dos *erros* associados às distintas alternativas de escolha, para cada tipo de conduta em princípio preocupante de uma perspectiva concorrencial.

A parte subsequente desta introdução contém o esboço de um possível encaminhamento para essa espécie de reflexão no que se refere às *condutas unilaterais de introdução de inovações* (via lançamento de um produto inteiramente original ou alteração de um produto previamente existente). Este tipo de conduta é especialmente relevante no contexto da discussão que este volume inaugura no Brasil, pois inclui, como caso particular, a "integração de softwares". A propósito, o debate norte-americano acerca do caso Microsoft pode ser lido como uma disputa sobre os limites jurídico-concorrenciais de estratégias de inovação no mercado de softwares.[9] Por outro lado, não há condutas mais diretamente relacionadas à promoção de inovações do que aquelas que, simplesmente, *consistem* na introdução de alguma inovação em algum produto. Os riscos de perversão de uma política de defesa da concorrência direcionada para a geração de ganhos de bem-estar resultantes da promoção de inovações, os quais se apontou antes, deveriam, portanto, emergir com relação às inovações, mais claramente e com maior intensidade.

Antes de passar adiante, porém, uma nota de autojustificação: apesar de basearem-se fortemente em uma apropriação — confessadamente seletiva — da literatura e da prática antitruste norte-americanas, a análise e as conclusões apresentadas a seguir não pretendem estar, em princípio, restritas a qualquer orde-

---

[7] Uma exposição das questões mais controvertidas está em Brunell (2001).
[8] Ver Pitofsky (1979).
[9] Do lado do governo norte-americano, ver Fisher (2001); do lado da Microsoft, ver o testemunho de Richard Schmalensee em United States v. Microsoft Corporation, Civil Action nº 98-1232 (TPJ) e State of New York et al. v. Microsoft Corporation, Civil Action nº-98-1233 (TJP), 1999.

namento jurídico específico. A pretensão não é implausível, tanto do ponto de vista descritivo quanto do normativo, dado o grau significativo de convergência internacional alcançado no âmbito dos conceitos e das teorias fundamentais na área do direito antitruste, bem como a liderança e a influência decisiva dos Estados Unidos nesse processo (não obstante as divergências identificáveis pontualmente[10] e, em alguns casos, também com relação às orientações mais gerais, e os eventuais problemas normativos associados a diferenças nos contextos jurídicos e nas capacidades e demais características institucionais dos órgãos responsáveis pela aplicação desses conceitos e teorias aos casos concretos). No Brasil, em particular, a teoria antitruste norte-americana foi recebida, especialmente na virada dos anos 1980 e começo dos anos 1990, com o status de "quase" fonte do direito brasileiro, convertendo-se desde então no principal fornecedor dos insumos intelectuais para a teorização mais abstrata sobre a legislação de defesa da concorrência vigente no país e a sua interpretação.[11]

Condutas excludentes ou competição agressiva?

As condições de ilicitude de uma conduta no âmbito do direito de defesa da concorrência são, em regra, uma função do *tipo* ao qual a conduta pertence. De fato, ainda que, por exemplo, na legislação brasileira não exista, em princípio, uma diferença jurídica significativa entre as condutas ou os "atos" que possuam como *objeto*, e os que possuam como *efeito esperado*, alguma das situações previstas nos incisos do art. 20 da Lei nº 8.884/94, as condições de ilicitude dos atos de cada uma das referidas categorias e, principalmente, os caminhos probatórios para verificar a presença dessas condições nos casos concretos, diferem substancialmente entre si a depender de características mais gerais que certos tipos de atos exibem em comum com os atos do mesmo tipo, e que os diferenciam dos atos de outros tipos.

A classificação tradicional das condutas anticompetitivas em restrições horizontais, restrições verticais e condutas predatórias é um importante indicador neste sentido, mas existem outros que se posicionam, por assim dizer, transversalmente com relação a essa tripartição, como, por exemplo, o relativo

---
[10] Especificamente sobre a relação entre antitruste e propriedade intelectual, ver, *e.g.*, Fox (2005).
[11] Ver Schuartz (2008).

à distinção entre restrições puras (*naked restraints*) e restrições ancilares (*ancillary restraints*). A utilidade destas tipologias está em sua capacidade não só de estruturar os processos de instrução e alocação dos deveres de argumentação e prova entre autoridades e partes envolvidas nos casos concretos, mas também, e sobretudo, de generalizar e estabilizar as expectativas normativas dos agentes econômicos quanto à licitude ou ilicitude de suas decisões.

Já se tornaram lugares-comuns as ideias de que, nas modernas economias de mercado, as incertezas do ambiente decisório dos agentes econômicos podem afetar negativamente a sua propensão a inovar e a investir, e que, em particular, as incertezas de natureza *regulatória* relativas à definição de direitos de propriedade e à execução de contratos são especialmente problemáticas nesse contexto. Isso é atestado pela extensa literatura que diz respeito à relação de determinação entre instituições e crescimento econômico. Esta sabedoria convencional tem se expressado em um conjunto bastante amplo de reivindicações e iniciativas no sentido de garantir uma maior previsibilidade às decisões dos poderes públicos capazes de afetar o valor esperado das decisões de produção e investimento. Ainda que pouco se possa fazer legitimamente para reduzir as incertezas econômicas quanto ao *efetivo sucesso* das referidas decisões, o Estado teria de ao menos tentar assegurar aos agentes, que devem continuamente tomá-las sob condições de incerteza, um grau razoável de segurança quanto ao seu *valor jurídico*, *i.e.*, ao seu caráter lícito ou ilícito.

As autoridades de defesa da concorrência não ficaram à margem desse movimento no sentido da generalização e estabilização de expectativas normativas. Ao contrário, a aplicação do direito de defesa da concorrência é um campo particularmente fértil de estudo da forma como a preocupação em gerar critérios decisórios e pontos de referência razoavelmente unívocos para a orientação dos agentes privados pode ser atendida criativa e eficazmente por meio do desenho de fronteiras entre o lícito e o ilícito que são, a um só tempo, teoricamente plausíveis e operacionais da perspectiva da solução dos casos concretos.

Essa preocupação se manifesta, reconhecidamente, na distinção corrente entre "restrições horizontais puras" e "restrições horizontais ancilares" no âmbito da definição das condições de licitude dos acordos de cooperação entre concorrentes, como se vê, por exemplo, nos *Guidelines for collaborations among competitors*, editados em conjunto pela FTC e pela Divisão Antitruste do Departamento de Justiça norte-americanos. A relevância da distinção — sob o ponto de vista da definição e implementação de uma política de defesa da concorrência que se preocupe com as consequências econômicas de sinalizações ambíguas quanto ao que é lícito e ilícito — é tão significativa neste caso, que talvez não seja exagerado afirmar que a prática (ainda que nem sempre seja essa a teoria oficial) dos órgãos de defesa da concorrência mais avançados, sobretudo os norte-americanos, tenha caminhado para o estabelecimento de uma correspondência entre restrições horizontais puras e ilicitude *per se*, de um lado, e restrições horizontais ancilares e "quase-licitude *per se*", de outro lado.

De fato, as condições gerais de ilicitude, os meios analíticos necessários à sua verificação, a alocação dos deveres de prova, assim como as probabilidades de condenação, são tão fortemente diferentes em ambos os casos, que não há como se furtar à impressão de que a radicalização dessas diferenças seja parte de decisões políticas no sentido da dissuasão radical de restrições do primeiro tipo e da promoção enfática das do segundo tipo. Como se pode ler no preâmbulo dos *Guidelines* referidos,

> [i]n order to compete in modern markets, competitors sometimes need to collaborate. Competitive forces are driving firms toward complex collaborations to achieve goals such as expanding into foreign markets, funding expensive innovation efforts, and lowering production and other costs. Such collaborations often are not only benign but procompetitive. Indeed, in the last two decades, the federal antitrust agencies have brought relatively few civil cases against competitor collaborations. Nevertheless, a perception that antitrust laws are skeptical about agreements among actual or potential competitors may deter the development of procompetitive collaborations.

Preocupações como a que se manifesta em documentos como os *Guidelines* citados não se limitam apenas às restrições *horizontais* ou aos acordos entre concorrentes, mas alcançam também os acordos e restrições verticais e as denominadas condutas unilaterais "excludentes" (*exclusionary conducts*) ou "predatórias". Quanto aos acordos e restrições verticais, é bastante conhecido o processo de evolução da jurisprudência no sentido de um reconhecimento cada vez mais enfático de justificativas ligadas à obtenção de ganhos de eficiência (especialmente na forma de geração de economias de custos de transação) por meio de condutas dessa espécie, e da atribuição, a tais justificativas, de uma função e um peso *qualitativamente predominantes* na "ponderação" de custos e benefícios esperados em que, idealmente, consiste a aplicação da "regra da razão". Mas o mesmo movimento se faz sentir com respeito às práticas unilaterais, com a separação conceitual entre *estratégias agressivas* e *estratégias abusivas* de competição. As tentativas recentes de formulação de um conceito consistente de *naked exclusion, cheap predation* ou *cheap exclusion*,[12] por exemplo, como tipos de condutas excludentes a merecer prioridade no uso dos recursos públicos para fins de investigação e repressão por parte dos órgãos antitruste em virtude de seu caráter quase sempre prejudicial à concorrência (analogamente ao que se verifica com os *hard core cartels*), são indicações de que está na ordem do dia a separação entre lícito e ilícito no que diz respeito às condutas unilaterais de agentes com poder de mercado que prejudicam os seus rivais.

Essa separação é crucial tanto do ponto de vista conceitual e analítico quanto do ponto de vista da definição de prioridades na alocação de recursos para o *enforcement* da legislação antitruste. Ela talvez seja o mais sensível e difícil dos temas de uma agenda moderna de política de defesa da concorrência. Não à toa, a ex-*chairman* da Federal Trade Comission a ele se referiu recentemente dizendo que

> *there is perhaps no more challenging issue for a competition enforcer — as well as for courts, the antitrust bar, and the business community — than determining the bounds of lawful conduct for a single firm that has, or is attempting to gain, market power.*

A razão deste desafio é conhecida:

> *Under-enforcement of the monopolization laws risks permitting firms to continue to engage in unlawful, exclusionary conduct that harms consumers. But when we over-enforce the monopolization laws, we risk chilling pro-competitive business conduct that benefits consumers.*[13]

O encaminhamento jurídico desse problema de calibragem entre os riscos dos erros Tipo I (condenação de práticas não anticompetitivas) e Tipo II (não

---

[12] Cf. Creighton, Hoffman, Krattenmaker e Nagata (2005). Uma conduta excludente é "barata" nesse sentido quando: primeiro, seus custos para o agente que a pratica são relativamente reduzidos (em comparação com os benefícios para o agente); segundo, a conduta não produz eficiências cognoscíveis, *i.e.*, ela possui um valor positivo reduzido ou nulo do ponto de vista social.

[13] A apresentação está disponível em: <www.ftc.gov/speeches/majoras/060403tokyoamericancenter.pdf>.

condenação de práticas anticompetitivas) deu-se, originalmente, sob a forma de uma *definição negativa* das condições necessárias para a caracterização do ilícito. A necessidade de definição de critérios operacionais para a solução do problema foi enfrentada de maneira análoga à prevista para a diferenciação entre as *naked horizontal restraints* e as *ancillary horizontal restraints*, a saber: a possibilidade, ou não, de *racionalização* da conduta em questão a partir de argumentos econômicos que mostrem, plausivelmente, que a conduta *poderia ser explicada por algum propósito (e.g., a obtenção de ganhos de eficiência) cuja realização seria independente da produção de efeitos anticompetitivos* — no caso da conduta unilateral, da produção do efeito da exclusão de rivais efetivos e potenciais do mercado e da consequente redução da quantidade ofertada do produto relevante.

Nesse sentido, entende-se que uma conduta seria "predatória", "abusiva" ou anticompetitiva quando a sua adoção é economicamente irracional para o agente que a adota, *salvo em razão do seu efeito negativo sobre a concorrência (e, consequentemente, positivo para o agente)*.[14] Isto quer dizer, em outras palavras, que não se deve punir as condutas e estratégias que, *na busca do lucro, resultem* — ou possam resultar — na produção de impactos negativos sobre as firmas rivais (e isso, inclusive, se forem praticadas por firmas monopolistas). A abusividade não está nem na *agressividade* da estratégia, nem tampouco na constatação do prejuízo efetivo ou potencial aos rivais em consequência da sua implementação, mas na *inversão da causalidade* entre maximização do lucro pelo autor da conduta e prejuízo aos seus rivais.

Efetivamente, se nos casos de competição agressiva a busca do maior lucro *tem como efeito* o prejuízo aos rivais, nos casos das ações abusivas ou condutas predatórias é o prejuízo aos rivais que aparece como uma *condição necessária para a obtenção do maior lucro, via redução das quantidades ofertadas pelos rivais prejudicados e da quantidade total do produto no mercado relevante*. A natureza anticompetitiva da conduta, em outras palavras, não advém do prejuízo aos rivais, mas — para repetir uma máxima tão consagrada quanto mal compreendida — do prejuízo à *concorrência*, o que apenas se verifica quando as quantidades (os preços) *de mercado* se reduzem (aumentam) — e não, paradigmaticamente, quando as quantidades que deixaram de ser ofertadas pelos rivais prejudicados

---

[14] Ver, *e.g.*, Werden (2006).

não são capazes de afetar as quantidades de mercado em vista da *expansão* das quantidades ofertadas *pela empresa que adotou a conduta em questão*.

Aliás, nos termos da legislação brasileira, nem mesmo a redução da quantidade agregada no mercado poderia ser tratada como condição *suficiente* para a caracterização do abuso se a exclusão dos rivais tiver sido baseada, por exemplo, em maior eficiência produtiva. De fato, isto é uma implicação imediata do disposto no art. 20, §1º, da Lei nº 8.884/94, que expressamente exclui a ilicitude da dominação de mercado (ou aquisição de poder de monopólio) nessas condições. Mas, neste caso, não há como se permitir a aquisição de uma posição de monopólio sem ao mesmo tempo tolerar os seus efeitos em termos de quantidades inferiores às competitivas e preços superiores aos competitivos.

De um ponto de vista teórico e de política de defesa da concorrência, trata-se de uma proposta de solução consistente para o problema do desenho de uma fronteira entre lícito e ilícito com relação às condutas unilaterais de agentes econômicos que detêm poder (ou quase-poder) de monopólio. Com efeito, o mencionado desenho procura garantir, simultaneamente, primeiro, a compatibilidade com *insights* da literatura de organização industrial que atribuem, à busca das firmas pela criação e captura de oportunidades de lucro superiores aos normais, os principais determinantes dos processos de redução de custos através da inovação em produtos, processos produtivos e formas organizacionais, bem como de geração de benefícios substanciais aos consumidores através de reduções de preços e melhorias na qualidade dos produtos; e, segundo, operacionalidade, pela oferta de um critério às autoridades e à comunidade empresarial para a distinção entre condutas lícitas e condutas ilícitas: a existência de uma justificativa aceitável para a adoção da conduta investigada, *i.e.*, que assegure a esta uma racionalidade econômica que não remeta à redução da oferta agregada (via redução da oferta dos rivais por ela prejudicados) como condição necessária para a sua lucratividade.

A presença deste segundo atributo — cuja importância, como antecipado, não teria como ser superestimada — está ligada a uma ideia que a Suprema Corte norte-americana exprimiu de maneira enfática em uma passagem célebre da sua decisão no caso Trinko:

> *The mere possession of monopoly power, and the concomitant charging of monopoly prices, is not only not unlawful; it is an important element of the free-market system. The opportunity to charge monopoly prices — at least for a short*

period — is what attracts "business acumen" in the first place; it induces risk taking that produces innovation and economic growth. To safeguard the incentive to innovate, the possession of monopoly power will not be found unlawful unless it is accompanied by an element of anticompetitive **conduct**.

A ênfase na expressão "conduta", que consta no original, e a ideia que ela expressa merecem um comentário à parte. A preservação dos incentivos corretos por meio da aplicação da legislação concorrencial exige, mesmo para os casos de exercício de poder de monopólio, a identificação de um critério de ilicitude que se refira a uma propriedade que é *"intrínseca" à conduta* investigada no sentido de dizer respeito às suas *condições de racionalidade ou de justificação*. Isso explica por que mesmo as recusas de venda por parte de monopolistas ou quase monopolistas que resultam na exclusão de um rival potencial ou efetivo são consideradas lícitas *quando justificáveis*, por exemplo, pela falta de crédito do demandante. Para além do poder de monopólio e da elevada probabilidade — da verificação do *efeito* — da sua manutenção *por causa* da conduta, requer-se algo a mais: a falta de uma justificativa plausível (ver, a esse respeito e ilustrativamente, o disposto nos incisos XIII e XIV do art. 21 da Lei nº 8.884/94).[15]

Note-se que essa adicional condição de ilicitude não se restringe aos casos de ausência de justificativas plausíveis na forma de *argumentos de eficiências*. A referência a possíveis reduções de custos como justificativa para a adoção de uma determinada conduta que *também* conduz à exclusão ou aumento dos custos de rivais é *apenas uma entre muitas* justificativas válidas para a conduta. A ideia do direito de defesa da concorrência como instrumento de promoção da eficiência (alocativa e produtiva) não pode ir tão longe a ponto de fazer da obtenção de ganhos de eficiência uma *obrigação jurídica, i.e.*, um estado de coisas a cuja não obtenção corresponderia uma sanção — algo que ocorreria com a suposta *identificação do caráter anticompetitivo* de uma conduta na impossibilidade de justificá-la como uma fonte geradora de eficiências produtivas. Seguindo a mesma linha,

---

[15] Art. 21, inciso XIII: "recusar a venda de bens ou a prestação de serviços, *dentro das condições de pagamento normais aos usos e costumes comerciais*" (implicando, a *contrario sensu*, que fora destas condições a recusa de venda seria permitida); inciso XIV: "dificultar ou romper a continuidade ou desenvolvimento de relações comerciais de prazo indeterminado em razão de recusa da outra parte em submeter-se a cláusulas e condições comerciais *injustificáveis ou anticoncorrenciais*" (de novo implicando, a *contrario sensu*, que o rompimento pode ser realizado quando a condição em itálico não se verificar).

a expressa disposição do art. 20, §1º, da Lei nº 8.884/94, no sentido de reconhecer como lícito o domínio de mercado (monopolização) baseado em vantagens competitivas associadas a eficiências, não afasta outras justificativas alternativas como "excludentes de antijuridicidade". Na hipótese das condutas excludentes, a existência de justificativa — *i.e.*, de uma racionalidade econômica — para a sua adoção que seja independente da expectativa do dano à concorrência é um fator que, metodologicamente, *precede* uma eventual quantificação de custos e benefícios sociais.

Na análise a respeito do caráter lícito ou ilícito de uma conduta unilateral alegadamente predatória — excludente ou abusiva, portanto — as justificativas plausíveis (incluindo as referentes à obtenção de ganhos de eficiência) que possam ser apresentadas para sua adoção *preponderam* sobre argumentos que apontem para a existência de nexo de causalidade entre a conduta e eventuais perdas ou custos incorridos por rivais do agente que a adotou. Tais justificativas são "trunfos argumentativo-jurídicos", dado que podem *provar* que a conduta sob investigação *não é anticompetitiva*. Provar que uma conduta C não é anticompetitiva não é o mesmo que provar que C, apesar de anticompetitiva, seria lícita por não "produzir efeitos líquidos negativos sobre o bem-estar econômico". Da mesma forma, *saber* que a conduta que se vislumbra adotar não é anticompetitiva por ter uma justificativa aceitável do ponto de vista concorrencial não é o mesmo que *acreditar* que ela é lícita em razão de *estimativas ex ante* de que os efeitos líquidos sobre o bem-estar a ela associados não serão negativos (ou melhor: não serão, *ex post*, estimados como negativos pelos órgãos de defesa da concorrência).

A clareza na distinção entre o lícito e o ilícito, de que depende a segurança jurídica dos agentes econômicos e a preservação dos incentivos adequados para a promoção da concorrência, requer que tal distinção não se sustente exclusivamente em uma aposta do agente quanto aos resultados de um cálculo, sempre imperfeito e incompleto, de custos e benefícios sociais pela autoridade antitruste. Se o direito de defesa da concorrência deve ser usado não para subverter, mas para promover a competição, então é necessário que os agentes não sejam dissuadidos de competir agressivamente uns contra os outros, seja por não terem como prever, com um mínimo grau de certeza, como as autoridades julgarão as suas condutas e estratégias, seja ainda por temor de que as suas condutas venham a ser *equivocadamente* consideradas ilícitas pelas autoridades.

Política de defesa da concorrência e incentivo à inovação

Entre as condutas unilaterais para as quais são aplicáveis as observações e preocupações apresentadas nos itens precedentes, as condutas de *inovação* (em novos produtos, processos produtivos, arranjos contratuais etc.) são as mais sensíveis aos problemas do *overenforcement* (*i.e.*, da aplicação *ex post* de uma sanção superior ao custo social líquido que a conduta produz) e do *overdeterrence* (*i.e.*, da dissuasão *ex ante* de condutas acima do nível socialmente ótimo) da legislação antitruste.[16] Há três razões para esse fato. Em *primeiro* lugar, como anteriormente ressaltado, uma das principais motivações para a *existência* de uma legislação de defesa da concorrência está no desejo de manter e promover um ambiente econômico no qual as firmas se vejam, permanentemente, pressionadas a *inovar*. Nesse sentido, a suposição de que a busca de lucros extraordinários *por meio da geração de inovações* é parte *integrante* de um processo dinâmico que pode resultar em ganhos significativos de bem-estar e deve, portanto, ser estimulada pelos poderes públicos e *necessariamente compatibilizada* com uma política esclarecida de defesa da concorrência faz, da inovação, uma conduta *geralmente* pró-competitiva e, do ponto de vista *normativo, quase sempre* lícita. O conjunto das "inovações predatórias", embora não vazio, possui um número muito pequeno de elementos.

Em *segundo* lugar, os *custos* com decisões *eventualmente equivocadas* acerca da pertinência de uma dada iniciativa de inovação ao referido conjunto podem ser significativos. Esses custos incluem não apenas, por assim dizer, os custos "diretos" associados à vedação da conduta inovadora e à perda dos benefícios que poderia ter gerado dos pontos de vista estático e dinâmico (por exemplo, ao forçar os *demais* agentes a inovar a fim de neutralizarem as vantagens competitivas e os lucros supracompetitivos temporariamente viabilizados pela inovação). Além disso, há também os custos "indiretos" decorrentes do efeito de sinalização da decisão com respeito à propensão a inovar dos agentes que se encontram em situação similar, *i.e.*, os custos do *overdeterrence* provocados pela mudança na percepção subjetiva dos agentes quanto às probabilidades de condenação diante da prática, pelos agentes, de condutas semelhantes.

---

[16] Para uma análise do problema do *overenforcement* e do uso de regras relativas à ponderação de provas e de regras procedimentais para remediá-lo, ver Bierschbach e Stein (2004).

Em *terceiro* lugar, a *probabilidade* de decisões condenatórias eventualmente equivocadas em casos envolvendo acusações de inovação predatória não é pequena, seja porque a quantidade dos casos em que isso de fato se verifica é bastante reduzida, seja em razão da complexidade da análise envolvida no juízo condenatório. Quanto à última, viu-se que, para caracterizar uma inovação como conduta predatória, não basta provar o prejuízo aos rivais efetivos e potenciais, pois o elemento de predação surge com a constatação da irracionalidade da prática "*salvo em razão do seu efeito negativo sobre a concorrência*". Isto requer, das autoridades, que se coloquem na posição do autor da conduta para refazer, *ex post*, o juízo prospectivo e *ex ante* sobre as condições de racionalidade da conduta e as suas possíveis justificações. Quando justificativas para a conduta estiverem disponíveis, a investigação poderá concluir-se sem grandes dificuldades, mas não são raras as situações nas quais, da incapacidade da parte interessada em apresentar uma justificação aceitável, deva-se inferir *não* a *inexistência* da última, mas a dificuldade da produção de elementos de prova que a sustentem perante a autoridade (vale dizer, que sustentem a afirmação desta justificação além da mera alegação de que ela existiria). A despeito dos postulados da teoria da decisão sob condições de incerteza, as firmas efetivamente existentes podem não ter à mão os dados necessários para — e muito menos — os registros do cálculo de custos e benefícios esperados que fundamentariam a sua decisão de inovar. Se a referida tendência efetivamente se confirma em um caso concreto, a análise da racionalidade econômica que explica a introdução da inovação terminará por circunscrever-se, essencialmente, ao exame de argumentos *qualitativos*. E se, diante disso, a autoridade de defesa da concorrência não resistir à tentação de considerar não satisfeito o ônus da prova do autor da inovação e decidir pela sua condenação com base nos prejuízos alegados por terceiros (os quais são em regra quantificáveis), a probabilidade do erro Tipo I pode ser significativa.

Essas considerações sugerem um modelo normativo para guiar as análises das autoridades nos casos envolvendo acusações de "inovações predatórias" que é semelhante ao apresentado por Cooper, Froeb, O'Brien e Vita para o tratamento antitruste das restrições verticais.[17] A ideia básica dos autores é, concebendo a aplicação do direito de defesa da concorrência como "*a problem of drawing inferences from evidence and making decisions based on these inferences*",

---

[17] Ver Cooper, Froeb, O'Brien e Vita (2005).

representar esse problema como um caso particular de uso da "regra de Bayes", vale dizer, um problema de *atualização racional* dos *prior beliefs* do decisor com relação à natureza da conduta analisada, a partir das informações específicas obtidas a seu respeito ao longo do processo de instrução. O modelo formal para tal representação é expresso nos seguintes termos:

$$\frac{P(A|x)}{P(C|x)} = \frac{P(x|A)}{P(x|C)} \times \frac{P(A)}{P(C)}$$

onde A denota que a prática investigada é anticompetitiva; C denota que a prática não é anticompetitiva; x é o conjunto das evidências observadas até o momento da emissão do juízo quanto à natureza anticompetitiva ou não da prática em questão; e as demais expressões denotam as probabilidades prévias e condicionais relevantes para a formação racional (de acordo com o modelo) do referido juízo.

Uma lição imediata a ser extraída desse modelo é que a plausibilidade da hipótese de que a prática investigada seja de fato anticompetitiva à luz das evidências coletadas (tal como medida pela razão entre as probabilidades condicionais que figuram do lado esquerdo da equação) será praticamente igual à plausibilidade da hipótese de que o *tipo* de conduta em questão seja anticompetitivo (tal como medida pela razão entre as probabilidades que figuram no último termo do lado direito da equação), *quando* as evidências produzidas forem *ambíguas*, *i.e.*, se forem consistentes *tanto* com instâncias anticompetitivas, *quanto* com instâncias não anticompetitivas desse mesmo *tipo* (matematicamente, se o primeiro termo do lado direito da equação for muito próximo de 1).

Mas a lição mais importante é menos imediata e decorre da relação entre a regra de decisão que os autores propõem na parte final do *paper* e as perdas esperadas associadas a decisões eventualmente incorretas de condenação e de não condenação de uma restrição vertical (a lição valerá com mais força para as supostas "inovações predatórias", como veremos). A decisão de condenar será racional se e somente se as perdas esperadas a ela associadas (assumindo que não seja correta) forem inferiores às perdas esperadas associadas à decisão oposta (assumindo que não seja a correta), *i.e.*, se e somente se:

$$E[\mathbf{P}_{TipoI}|x] = \mathbf{P}_{TipoI} \times P(C|x) < E[\mathbf{P}_{TipoII}|x] = \mathbf{P}_{TipoII} \times P(A|x)$$

onde $E[\mathrm{P}_{\mathrm{TipoI}}|x]$ são as perdas esperadas associadas à decisão (incorreta) de reprimir a prática investigada, dadas as evidências coletadas; e $E[\mathrm{P}_{\mathrm{TipoII}}|x]$ são as perdas esperadas associadas à decisão (incorreta) de não condenar a prática investigada, dadas as mesmas evidências.

Fazendo as substituições apropriadas e rearranjando os termos, tem-se, enfim, a seguinte condição necessária e suficiente para a correção de uma decisão condenatória do ponto de vista antitruste:

$$\frac{P(x|C)}{P(x|A)} = \frac{\mathrm{P}_{\mathrm{TipoII}}}{\mathrm{P}_{\mathrm{TipoI}}} \times \frac{P(A)}{P(C)} \qquad (*)$$

A expressão (*) implica que uma eventual decisão condenatória será tanto mais adequada quanto: primeiro, maiores forem as perdas associadas ao erro Tipo II relativamente às perdas associadas ao erro Tipo I; segundo, mais plausível for a convicção prévia de que o tipo de prática sob investigação é, geralmente, anticompetitivo; terceiro, mais plausível for a hipótese de que as evidências disponíveis resultam de uma prática anticompetitiva e não de uma prática não anticompetitiva.

A posição dos autores com respeito às restrições verticais é que a decisão de reprimir uma conduta deste tipo apenas será adequada se forem muito elevadas as perdas esperadas correspondentes ao erro Tipo II *vis-à-vis* as perdas esperadas correspondentes ao erro Tipo I, ou se for muito robusta e inequívoca a associação entre as evidências disponíveis, de um lado, e a natureza anticompetitiva da conduta investigada, de outro lado. A razão desta conclusão é que haveria fortes argumentos teóricos e empíricos para supor que a condição enunciada não é satisfeita para este tipo de restrição. Ademais, de acordo com os mesmos autores, a literatura pertinente sugeriria que o conjunto das condutas para as quais a terceira condição se verifica pode estar muito "próximo" do conjunto vazio. Em suma, a repressão das restrições verticais deverá ocorrer se e somente se as perdas sociais causadas por decisões de não condenar, ponderadas pela respectiva probabilidade de erro, forem substancialmente maiores do que as perdas sociais causadas por decisões de condenação, ponderadas pela respectiva probabilidade de erro.

Conforme antecipado, estas conclusões aplicam-se com muito maior força no caso das condutas unilaterais de introdução de inovações (sobretudo as inovações em novos produtos e novos processos produtivos). De fato, isso já valeria, como afirmado anteriormente, para diversos tipos de condutas unilaterais que tenham por efeito a exclusão ou o aumento dos custos de rivais. Para as condutas deste tipo que assumam a forma de introdução de inovações, as condições enunciadas nos itens precedentes são ainda mais difíceis de ocorrer. Os argumentos que sustentam essa proposição podem ser, basicamente, encontrados nas observações antes apresentadas. Em *primeiro* lugar, inovações são *geralmente* pró-competitivas ou no mínimo neutras do ponto de vista competitivo. A razão entre os valores de $P(A)$ e $P(C)$ tende, logo, a ser extremamente pequena.

Em *segundo* lugar, os elementos de prova que podem ser mobilizados para acusar alguém de agir de maneira predatória *via* introdução de uma inovação dificilmente irão além da constatação de um possível prejuízo individual e, eventualmente, do nexo de causalidade entre tal prejuízo e a introdução da inovação. Isso quer dizer que a razão entre $P(x|C)$ e $P(x|A)$ tende a ser limitada inferiormente por 1. Havendo porém sido apresentada, entre os argumentos de defesa, uma justificativa plausível para a inovação, ter-se-á um incremento significativo do valor de $P(x|C)$ em relação ao valor de $P(x|A)$ e, consequentemente, um aumento substancial da razão entre ambos, tornando mais improvável a satisfação da desigualdade (*).

Este entendimento encontra-se alinhado com o tratamento que a literatura especializada tem conferido ao problema das "inovações predatórias". As críticas remontam, no mínimo, a Areeda e Turner,[18] os quais entendem ser não operacional qualquer regra que proibisse condutas desta natureza. Em 1981, Ordover e Willig publicaram, em uma direção contrária, um artigo com o título *"An economic definition of predation: pricing and product innovation"*.[19] Partindo de uma definição geral de predação segundo a qual *"predatory objectives are present if a practice would be unprofitable without the exit it causes, but profitable with the exit (...) [i.e.,] if the practice would not be profitable without the additional monopoly power resulting from the exit"*, Ordover e Willig propõem um modelo que identifica condições necessárias mais ou menos restritivas sob as quais inovações em produtos poderiam ser predatórias no sentido exposto. Algumas dessas condições são comuns às práticas predatórias em geral (por exemplo, a presença de elevadas barreiras à entrada e reentrada no mercado alvo e de uma

---

[18] Cf. Areeda e Turner (1978:718).
[19] Ordover e Willig, 1981.

elevada probabilidade de saída do mercado do rival atacado em decorrência da conduta); outras são mais específicas aos exemplos que os autores escolheram para ilustrar a prática (quais sejam, a introdução de um novo produto que seja substituto ao produto ofertado por um rival e a prática da "rivalidade sistêmica", que ocorre quando uma firma produz novos sistemas de componentes que são incompatíveis com os componentes produzidos por uma rival). Mas tais condições são menos importantes no presente contexto que as características gerais da definição de predação, *i.e.*, a suposição de que valeriam *também* para as condutas de introdução de inovações (e não somente, por exemplo, para as condutas consistentes na fixação de preços predatórios).

O ataque a esta suposição aparecerá muito rapidamente na literatura. Dois anos mais tarde, a *Columbia Law Review* publicará um artigo de J. G. Sidak com críticas ao modelo de Ordover e Willig, o qual, de acordo com o autor, seria *"flawed in theory and unworkable in practice"*.[20] Para Sidak,

> *lawyers and economists have produced little credible work explaining how this phenomenon [i.e., predatory innovation] can occur, let alone how it should be identified and remedied if deemed to threaten consumer welfare (...) A legal rule defining predatory innovation — if there is to be any rule — is even more problematic to articulate than the optimal predatory pricing rule, for it must balance public policies discouraging monopolistic predation against not only those policies encouraging aggressive competition but also those encouraging innovation.*

O artigo de Sidak é bastante persuasivo nas suas críticas aos pressupostos das teses enunciadas por Ordover e Willig, por exemplo, na sua defesa da prática da "venda casada tecnológica" como estratégia de discriminação de preços que, em regra, faria aumentar o bem-estar dos consumidores, mas é no ceticismo quanto à operacionalidade do critério defendido pelos dois autores para a análise das acusações de inovação predatória (algo que já havia sido antecipado por Areeda e Turner) que está o ponto mais forte do seu argumento.

Ainda que se refiram ao critério apenas como *general standard* e não como regra de decisão (como parece supor a crítica de Sidak), Ordover e Willig supõem que *"although the proposed definition of predation is not itself a workable*

---

[20] Sidak, 1983.

test, it provides a unifying, general and open-ended standard from which specific and workable tests can be derived".[21] Esta última parte da afirmação está longe de ter sido demonstrada e é extremamente problemática. Como construir um teste que seja confiável o suficiente para bancar, "acima de qualquer dúvida razoável", a *condenação* de alguém por ter praticado uma conduta que em princípio gostaríamos de *incentivar*, como é a introdução de uma inovação, quando tomamos por critério de ilicitude algo semelhante ao definido por Ordover e Willig, vale dizer, um critério que requer que determinemos, de maneira *contrafática*, os lucros esperados pelo agente inovador, com a inovação, na hipótese da "contínua viabilidade" de um determinado rival no mercado? Não há ainda uma resposta teoricamente convincente para esta pergunta fundamental.

Novamente, o problema apontado está menos na definição do critério, e mais na sua aplicação e na probabilidade de erro do seu uso para condenar alguém por ter "inovado predatoriamente". O que vale para preços não vale automaticamente para inovações. No último caso, diferentemente do que ocorre com o primeiro, não existem testes razoavelmente difundidos e reconhecidos pela comunidade especializada que autorizem inferências no sentido da natureza anticompetitiva de uma determinada inovação. Além disso, sabe-se que a busca do lucro supracompetitivo impulsiona os agentes econômicos a inovarem e, neste sentido, não há como evitar o desconforto com um critério que faz justamente dessa busca o componente central da sua caracterização de ilicitude. Em tais circunstâncias, a probabilidade de "condenações perversas" pode ser substancial.

Assim, se, de um lado, não parece ser plausível reclamar-se, em geral, para a introdução de inovações o status de conduta "*per se* lícita" (como se jamais pudesse ser anticompetitiva), de outro, a condenação de condutas deste tipo deve sustentar-se sobre um conjunto muito robusto de evidências de que não haveria para a conduta em questão uma explicação alternativa à da busca deliberada do prejuízo aos rivais enquanto condição necessária para a aquisição ou a estabilização de poder de monopólio. Isso não é negar que a legislação autorize os órgãos de defesa da concorrência a punir condutas também com base nos seus efeitos esperados. O ponto é que, em virtude da natureza da conduta (*i.e.*, introdução de uma inovação), requer-se, também da *prova* de seus efeitos esperados, que inclua a prova de que a racionalidade econômica subjacente à conduta *somente pode ter sido anticompetitiva*, e que *esta* prova, por sua vez,

---

[21] Ordover e Willig, 1981:14-15.

não pode dispensar evidências robustas de que era este o propósito visado pelo agente com a introdução da inovação. Em outras palavras, não existe conduta *predatória* que não seja *intencional*, e não há como se condenar inovações que não sejam *inequivocamente* predatórias.

Em suma, a introdução de uma inovação apenas poderá ser considerada *anticompetitiva* se for *predatória*, e uma inovação somente será predatória se a sua racionalidade econômica *depender*, positivamente, da exclusão de firmas concorrentes *e* da futura redução da oferta agregada, ou seja, da redução da quantidade total ofertada pelos concorrentes *sem* a expansão correspondente da quantidade ofertada pelo agente inovador.[22] No direito brasileiro, tais condições devem valer, em geral, para qualquer conduta excludente, uma vez que decorrem, por implicação, seja do disposto no art. 20, §1º, da Lei nº 8.884/94 (no caso de a potencial exclusão basear-se em argumentos de eficiência comparativa), seja de considerações mais abstratas relacionadas ao próprio conceito de predação (que exige, para a sua correta aplicação, a constatação da falta de justificativas econômicas plausíveis para adoção da conduta analisada, que independam da expectativa de obtenção de um resultado anticompetitivo). Uma política pública esclarecida de defesa da concorrência deve ser capaz de manter claramente separadas as condições de verificação dos casos de competição agressiva (que, no limite, pode até resultar em uma situação de completa dominação de mercado), das condições de verificação dos casos de conduta predatória.

Conclusão

A promoção de inovações é uma das principais justificativas para a existência de uma política de defesa da concorrência. O funcionamento de uma economia capitalista de mercado competitiva faz, da busca do lucro extraordinário viabilizado por inovações bem-sucedidas, *simultaneamente*, um poderoso instrumento para a produção e difusão de ganhos de bem-estar econômico, e um poderoso incentivo para que os agentes realizem os esforços e incorram

---

[22] É importante observar que se trata de uma condição *necessária, mas não suficiente*. Se a exclusão se fundar em razões de eficiência ou em inovações bem-sucedidas, o *exercício* do poder de monopólio adquirido em função de algum destes fatores, na forma de preços superiores aos competitivos, não será ilícito.

nos riscos associados a tentativas de diferenciação e de aquisição de vantagens comparativas relativamente a seus rivais. Nesse sentido, promover competição e promover inovação são duas faces de uma mesma moeda.

Concorrência e inovação implicam-se reciprocamente também de uma segunda maneira. Promover a concorrência estimula comportamentos inovadores que visam à geração de vantagens comparativas e à aquisição dos lucros extraordinários que servem de recompensa aos mais bem-sucedidos; e promover inovações implica promover a concorrência, no sentido mais básico da rivalidade entre as firmas, como mecanismo impessoal de seleção e de difusão dessas inovações no interior da coletividade. Mas a promoção de inovações ainda requer a promoção da defesa da concorrência *na forma* da prevenção e da repressão de condutas de agentes com poder de mercado, *incluindo* as suas condutas de introdução de inovações que possam *inibir* inovações de terceiros (ou próprias), *i.e.*, que estrategicamente limitem as inovações dos seus rivais efetivos e potenciais.[23]

Em qualquer dessas hipóteses, no entanto, o caráter relativamente consensual das proposições mais abstratas a respeito da relação entre promoção da concorrência e promoção de inovações não nos deveria iludir acerca das possíveis divergências entre posições no nível da concretização dessas proposições nos processos de adjudicação. A incorporação de considerações sobre custos e probabilidades de decisões equivocadas às análises empreendidas em tais processos aparece, nesse contexto, como uma medida necessária ao exercício da devida precaução contra os usos perversos do significativo poder decisório surgido da generalidade e do elevado grau de abstração das hipóteses que são objeto de consenso.

Seria ótimo que a ampla discussão que este volume pretende acender no Brasil de fato se verifique, intensifique, aprofunde e nos faça realmente avançar na descoberta e no tratamento dos gargalos operacionais e imperfeições institucionais que se interpõem entre o conhecimento teórico que gostaríamos de aplicar e a sua efetiva aplicação aos casos concretos.

---

[23] Ver Hovenkamp (2007).

Referências

AGHION, Philippe; HOWITT, Peter. A model of growth through creative destruction. *Econometrica*, v. 60, p. 323-351, 1990.

AREEDA, Phillip; TURNER, Donald. Predatory pricing and related practices under section 2 of the Sherman Act. *Harvard Law Review*, v. 88, n. 4, p. 697-733, 1975.

BARNETT, Thomas. Interoperability between antitrust and intellectual property. *George Mason Law Review*, v. 14, p. 859-870, 2007.

BAUMOL, William; ORDOVER, Janusz. The use of antitrust to subvert competition. *Journal of Law and Economics*, v. 28, n. 2, 1985.

BIERSCHBACH, Richard; STEIN, Alex. Overenforcement. *Georgetown Law Journal*, v. 93, p. 1743-1781, 2004.

BRENNAN, Timothy. *Should innovation rationalize supra-competitive prices?* A skeptical speculation. 2007. Texto disponível em: <http://ssrn.com>. Resumo disponível em: <http://ssrn.com/abstract=1030115>.

BRUNELL, Richard. Appropriability in antitrust: how much is enough? *Antitrust Law Journal*, v. 69, p. 1-42, 2001.

COOPER, James; FROEB, Luke; O'BRIEN, Daniel; VITA, Michael. *Vertical antitrust policy as a problem of inference*. 2005. Disponível em: <www.ftc.gov/speeches/froeb/ 050218verticalecon.pdf>.

CREIGHTON, Susan; HOFFMAN, Bruce; KRATTENMAKER, Thomas; NAGATA, Ernest. Cheap exclusion. *Antitrust Law Journal*, v. 72, p. 975-996, 2005.

FEDERAL TRADE COMMISSION/U.S. DEPARTMENT OF JUSTICE. *Antitrust enforcement and intellectual property rights:* promoting innovation and competition. 2007.

FISHER, Franklin. Innovative industries and antitrust: comments on the Microsoft antitrust case. *Journal of Industry, Competition and Trade*, v. 1, p. 41-52, 2001.

FOX, Eleanor. A tale of two jurisdictions and an orphan case: antitrust, intellectual property and refusals to deal. *Fordham International Law Journal*, v. 28, p. 952-966, 2005.

GILBERT, Richard; TOM, Willard. *Is innovation king at the antitrust agencies?* The intellectual property guidelines five years later. Berkeley: University of California, Center for Competition Policy, 2001. (Working paper n. CPC01-20).

HOVENKAMP, Herbert. Restraints on innovation. *Cardozo Law Review*, v. 29, p. 247-260, 2007.

JORDE, Thomas; TEECE, David. Innovation and cooperation: implications for competition and antitrust. *The Journal of Economic Perspectives*, v. 4, p. 75-96, 1990.

ORDOVER, Janusz; WILLIG, Robert. An economic definition of predation: pricing and product innovation. *Yale Law Journal*, v. 91, p. 8-53, 1981.

PITOFSKY, Robert. The political content of antitrust. *University of Pennsylvannia Law Review*, v. 127, n. 4, p. 1051-1075, 1979.

SCHUARTZ, Luis Fernando. A desconstitucionalização do direito de defesa da concorrência. In: SOUZA NETO, Claudio; SARMENTO, Daniel; BINENBOJM, Gustavo (Coord.). *Vinte anos da Constituição Federal de 1988*. Rio de Janeiro: Lumen Juris, 2008. p. 761-780.

SIDAK, Gregory. Debunking predatory innovation. *Columbia Law Review*, v. 83, p. 1121-1149, 1983.

WERDEN, Gregory. The "no economic sense" test for exclusionary conduct. *Journal of Corporation Law*, v. 31, p. 293-305, 2006.

3
Contrato internacional de transferência de tecnologia no Brasil: interseção da propriedade intelectual com o direito antitruste*

*Luciano Benetti Timm***

Introdução

O escopo deste trabalho consiste em descrever a transição da regulação direta dos contratos de transferência de tecnologia no Brasil pelo Instituto Nacional de Propriedade Intelectual (Inpi) — influenciada pelo debate da nova ordem econômica internacional (representada pelo Ato Normativo nº 15, de 1975) — para a legislação antitruste (Lei nº 8.884/94), cuja aplicação cabe fundamentalmente ao Conselho Administrativo de Defesa Econômica (Cade), mas também ao Poder Judiciário.

A explicação para a mudança no modelo regulatório da transferência internacional de tecnologia no Brasil deve ser calcada na transformação da realidade político-econômica do país. Como se verá, o destino da regulação da transferência de tecnologia depende da política econômica adotada pelo governo, que está, no momento, direcionada à liberalização, abandonando a regulação paternalista.[1] Somente com o entendimento do aludido processo

---

* Dissertação de mestrado apresentada à Universidade de Warwick (Inglaterra), traduzida, adaptada e atualizada por Renato Caovilla, pesquisador do Grupo de Direito e Economia da PUC-RS.
** Advogado; pós-doutor pela U. C. Berkeley (Estados Unidos); *master of laws* (LLM) pela Universidade de Warwick; mestre e doutor em direito pela UFRGS; professor adjunto da PUC-RS e da Universidade Luterana do Brasil (Ulbra); professor da Escola Superior da Magistratura do Rio Grande do Sul.
[1] Por "paternalismo" quer-se dizer a proteção do Estado a uma das partes na relação contratual, o que pode acontecer por diversos motivos (no caso da tecnologia, seria pela maior debilidade de uma das partes na relação contratual, ou seja, hipossuficiência). Ver, nesse sentido, Kronman (1980, 1983). Para uma visão mais crítica, ver Kennedy (1982).

econômico-político, o deslocamento regulatório do Inpi para o Cade poderá ser bem compreendido. A incompreensão dessa transição do país rumo a uma economia globalizada de mercado pode levar à conclusão precipitada de que a liberação do controle da transferência junto ao Inpi significa ausência de regulação em geral, o que é equivocado.

Foi essa mudança que provocou a recepção ou "transplante" da legislação norte-americana em duas leis fundamentais no Brasil relativas à tecnologia, quais sejam, a Lei de Defesa da Concorrência (Lei nº 8.884/94) e a Lei da Propriedade Intelectual (Lei nº 9.279/96). Mais precisamente, a primeira é fortemente influenciada pelo Sherman Act (lei antitruste dos Estados Unidos) — e tem como escopo a proteção contra o abuso do poder econômico e as restrições à concorrência —, ao passo que a última foi aprovada com o objetivo de adaptar o antigo Código de Propriedade Industrial às previsões do Acordo Trips, esboçado pelos representantes americanos na Rodada Uruguai do Gatt[2], e tem por propósito garantir exclusividade na exploração econômica de uma invenção.

A obra trata, assim, da particular sistematização e compatibilização de duas leis relativamente recentes na experiência jurídica brasileira e que ideologicamente estão em conflito: de um lado, garantir a concorrência no direito antitruste; e, de outro, garantir um "monopólio"[3] no caso da legislação patentária. Portanto, mais do que compreender a mudança regulatória inerente a um sistema de mercado, o propósito do trabalho é uma sugestão de como resolver

---

[2] Para uma discussão aprofundada sobre o Acordo Trips, ver Sell (1998).
[3] É discutível se realmente a propriedade intelectual confere monopólio tecnicamente falando ou apenas exclusividade de direitos. Essa discussão não importa para o argumento central do trabalho por sua diminuta relevância prática, já que a Lei nº 8.884 não regula apenas monopólios, mas o poder econômico que pode tranquilamente ocorrer em mercados não monopolizados. Assumimos que monopólio é caracterizado nos casos seguintes: "a) apenas uma empresa, dominando inteiramente a oferta do setor considerado; (...) b) inexistência no mercado de produtos capazes de substituir aquele que é produzido pela empresa monopolista; (...) c) inexistência de competidores imediatos, sobretudo devido às barreiras existentes para o ingresso de outras empresas no setor; (...) d) considerável poder de influência sobre os preços e sobre o regime de abastecimento do mercado, em decorrência do qual o monopolista, responsável pela totalidade do fornecimento, pode controlar os níveis da produção e oferta; (...) e) devido à plena dominação do mercado, os monopólios dificilmente recorrem à publicidade como incentivadora da procura" (cf. Rossetti, 1991:290-292). Já o poder de mercado "deve ser entendido como um poder de agir. No aspecto ativo, esse poder confere à empresa dominante a capacidade de influir sobre as outras empresas do mercado; no aspecto passivo, a empresa dominante não se deixa influenciar pelo comportamento das demais participantes do mercado. Dominar é, pois, poder adotar um comportamento independente das concorrentes, tornando-se apta para controlar o preço, a produção ou a distribuição de bens ou serviços de uma parte significativa do mercado, excluindo, assim, a concorrência" (cf. Forgioni, 2005:318).

o autêntico conflito envolvendo a interseção entre direito de concorrência e de propriedade intelectual, estabelecido pela recepção no Brasil de dois modelos norte-americanos de regulação conflitantes quanto aos princípios. Esse substancial conflito foi, também, reconhecido explicitamente pelo Acordo Trips, o que torna o desígnio ainda mais apropriado. De fato, o art. 40 do Acordo Trips assevera que "algumas práticas ou condições de licenciamento relativas a direitos de propriedade intelectual que restringem a concorrência podem afetar adversamente o comércio e impedir a transferência e disseminação de tecnologia". Ainda, o art. 40, no inciso II, estabelece que

> nenhuma disposição deste acordo impedirá que os membros especifiquem em suas legislações condições ou práticas de licenciamento que possam, em determinados casos, constituir um abuso dos direitos de propriedade intelectual que tenha efeitos adversos sobre a concorrência no mercado relevante.

Entretanto, pelo fato de essa questão ser excessivamente ampla, o foco do trabalho recairá naquilo que parece ser um dos pontos estratégicos para o desenvolvimento econômico do Brasil: os acordos internacionais de transferência de tecnologia.[4] Essa é uma questão particularmente significativa para os brasileiros, porquanto o novo modelo regulatório desafia a tradição histórica da rigorosa regulação direta pelos órgãos responsáveis no que tange a esses contratos. Além disso, como o país ainda é importador de tecnologia, o acesso à inovação depende ainda muito de transferências de tecnologia.

Naturalmente, tal desafio de compatibilização não foi estabelecido pela nova legislação *per se*, a qual é resultado de nova realidade política e econômica (*law on the books*). A tarefa é doutrinária em primeiro lugar, mas também das agências envolvidas e eventualmente do próprio Poder Judiciário (*law in action*), ao qual cabe a aplicação da lei nos casos concretos.

---

[4] Desenvolveremos mais aprofundadamente esse conceito. Por ora, assumimos que são formas de transferência de tecnologia: *joint ventures*, licenciamento de tecnologia, franquia, contratos de prestação de serviços técnicos, *turn-key contracts* e subcontratação internacional. Os modelos básicos de transferência de tecnologia são os contratos verticais e os horizontais. Estes referem-se a transação entre agentes econômicos atuantes no mesmo nível da cadeia de produção/distribuição, enquanto aqueles, verticais, se dão entre agentes econômicos atuantes em diferentes níveis da cadeia produtiva/distributiva. Cf. Clarke (1998/1999); também Barton, Dellenbach e Kuruk (1988:195).

Nesse diapasão, a ideia central é pavimentar o caminho para que seja alcançado, no Brasil, e por outros meios, resultado semelhante ao obtido no *American Department of Justice's Guidelines*,[5] de 1995, em relação à concorrência, à propriedade intelectual e, primordialmente, aos contratos de transferência de tecnologia[6] (*i.e.*, o direito de propriedade intelectual é um tipo de propriedade como qualquer outro, devendo, por isso, submeter-se às regras antitruste).

Essas questões serão abordadas dentro dos pressupostos metodológicos expostos no próximo item. Depois será feita uma breve descrição da conexão existente entre propriedade intelectual, concorrência e, especialmente, transferência de tecnologia e a história econômica do Brasil. Na sequência, haverá uma definição de contratos de transferência de tecnologia. Em seguida, o escopo da pesquisa será descrever a transição do controle pelo modelo de regulação direta dos contratos de transferência de tecnologia, inspirado nos princípios da nova ordem econômica internacional, para o regime de concorrência no Brasil. Entretanto, ao admitir-se a aplicação das regras antitruste aos contratos de transferência de tecnologia, deve-se justificar, ainda mais se tratando de um tópico que não está livre de debates, principalmente nos Estados Unidos, que são a matriz teórica e prática desses modelos regulatórios. Após resultar justificada e aceita a aplicação do direito concorrencial aos contratos de transferência de tecnologia e descrita a transição para o novo modelo de regulação, deve-se, da mesma forma, sistematizar, em termos gerais, a nova regulação com o ordenamento jurídico, propondo a maneira mais adequada de operação da nova regulação, de forma a preservar o sistema jurídico brasileiro e, ao mesmo tempo, incorporar as novidades advenientes da experiência americana.

Pressupostos metodológicos

Parece ser verdadeiro o que diz Unger sobre o "ônus do passado", no que se refere à teoria social. Segundo o autor,

---

[5] Diretrizes antitruste para o licenciamento de propriedade intelectual, emitidas pelo Departamento de Justiça dos Estados Unidos e pela Comissão Federal de Comércio (Federal Trade Commission — FTC), em 1995.

[6] Contratos de transferência de tecnologia referem-se aqui às transferências verticais previstas na legislação, isto é, licença de patentes e marcas, *know-how*, fornecimento de tecnologia e franquia.

todo grande homem impõe à posteridade um severo encargo. Sempre que uma época atinge notável progresso em política, filosofia ou arte, a geração que se lhe segue, e que dela se beneficia, pode ter a sensação desalentadora de que nada realmente importante resta a fazer. É como se todas as oportunidades mais brilhantes já houvessem sido exploradas ou exauridas.[7]

Ao aplicar-se essa ideia à seara do direito, ter-se-ia que modelos jurídicos podem ser transportados de uma sociedade mais brilhante e desenvolvida e adotados por sociedades menos desenvolvidas, sendo considerados a melhor solução jurídica, sem que haja qualquer tipo de adaptação. Entretanto, essa não é a única razão pela qual "transplantes jurídicos",[8] *i.e.*, adoção de leis de outros países, ocorreram ao longo da história. Apesar de alguns doutrinadores acreditarem que o referido transplante legal, ou "circulação de modelos jurídicos",[9] seja uma questão de poder político, espiritual ou cultural, mais adequado é admitir que, normalmente, outros fatores são levados em consideração nessa operação.

Com efeito, de modo geral, regras jurídicas são copiadas porque são consideradas eficientes, adequadas e comprovadas, constituindo-se, consequentemente, em um modelo a ser seguido, na intenção de obter os mesmos resultados alcançados pelo país que as originou. Por essa razão, por exemplo, o direito romano foi recepcionado na Idade Média, tendo em vista que era indubitavelmente mais detalhista e preciso do que as regras do direito germânico. Um segundo fator a ser considerado para determinar se um transplante jurídico deve ser feito ou proibido é o patriotismo. Esse é o caso, por exemplo, do direito escocês, porquanto houve resistência à influência do direito inglês por parte de alguns doutrinadores na década de 1970. Um terceiro fator que pode, ainda, contribuir para a recepção de um sistema jurídico é o idioma e a acessibilidade aos textos de leis (o fato, *e.g.*, de o *Corpus Iuris Civilis* ter sido escrito em latim pode ter ajudado a sua adoção). Por fim, mas não menos importante, "transplantes jurídicos" podem resultar do passado histórico, tal como a imposição de um sistema legal, pela metrópole, às colônias — o que ocorreu, por exemplo, com a Austrália em relação à Inglaterra.[10]

---

[7] Unger, 1976.
[8] *Legal transplant* é a expressão empregada por Watson (1977).
[9] "Circulação dos modelos jurídicos" é a expressão corriqueira no Brasil para designar o mesmo fenômeno, conforme Fradera (1993).
[10] Para uma discussão mais aprofundada, ver Watson (1977:98).

As razões listadas são suficientes para explicar o transplante dos códigos civis francês e alemão, ocorrido na América Latina durante o século XIX.[11] Àquela época, esses códigos eram reputados como o sistema de regras de uma sociedade mais avançada e revolucionária, sendo o resultado de anos de preparação e estudos acurados do direito romano e do direito consuetudinário. O fato de o idioma do Código de Napoleão ser o francês e, assim, mais acessível aos latino-americanos pode, também, explicar a maior expansão dessa codificação em comparação ao código alemão, o qual exerceu, por outro lado, um importante papel na codificação brasileira.[12] Ademais, a elite latino-americana costumava estudar na Europa e considerava o direito europeu um exemplo de excelência cultural.

Por um longo período, o direito continental europeu continuou a ser o parâmetro, em termos de direito privado, para os juristas latino-americanos, inclusive no Brasil (a responsabilidade civil em caso de, *e.g.*, acidente de trabalho ou de trem). Todavia, paralelamente a isso, o Brasil experimentou a influência americana em direito constitucional, desde o fim do século XIX, devido à Revolução Republicana de 1889, a qual instituiu o federalismo, inspirado no modelo americano (além de, por óbvio, o sistema republicano de representação). As bases para o transplante de algumas regras constitucionais americanas são as mesmas já descritas. Os juristas brasileiros se depararam com normas de uma sociedade revolucionária, com desejável organização de poder, arranjos institucionais e políticos etc.

A ocorrência de tal fenômeno não é novidade. De fato, como diz Watson, "transplantar de uma outra jurisdição tem sido a principal maneira pela qual o direito se desenvolve",[13] especialmente quando um novo campo social está para ser regulamentado. O que realmente é novo no transplante jurídico brasileiro é que por quase um século tem sido prolífico no processo de combinação de fontes jurídicas, adotando regras legais de ambas as famílias jurídicas, quais sejam, a romano-germânica e a família da *common law*.[14] Além disso, recentemente, até mesmo o direito privado brasileiro (*e.g.*, alienação fiduciária

---

[11] Para a discussão específica acerca do transplante jurídico ocorrido na América Latina no último século, ver Fradera (1993), ou Wald (1993).
[12] Freitas, 1896.
[13] Watson, 1977:98 (tradução livre de: "*borrowing from a different jurisdiction has been the principal way in which law has developed*").
[14] David, 1995.

em garantia, arrendamento mercantil, franquias, faturização), ou novos ramos jurídicos, têm sido transplantados dos Estados Unidos. Aliás, a nova Lei de Propriedade Industrial (cuja matriz remonta ao Tratado sobre Propriedade Intelectual na Organização Mundial do Comércio, OMC) e a Lei Antitruste são fundamentalmente inspiradas na legislação americana (sem falar em farta legislação importada dos Estados Unidos para o Brasil, como a societária, a securitária, a de mercado de ações, a bancária, entre outras). Este fato apresenta algumas dificuldades em termos de sistematização, vez que as novas regras devem integrar-se ao sistema brasileiro, o qual, originalmente, deriva de fontes jurídicas diferentes.

Isso porque, apesar das modificações ocorridas no sistema legal brasileiro, este continua, ainda, a ser parte da família jurídica romano-germânica, isto é, a família exsurgida na Idade Média, com a redescoberta dos textos justinianos, desenvolvida nas universidades europeias e tendo por base o *Corpus Iuris Civilis*, sendo que o principal papel dos juristas é a busca por ordem e coerência das normas integrantes do sistema.[15] Assim, cabe ressaltar que a sistematização é, ainda, um importante debate no direito brasileiro. Na verdade, a ideia básica nessa família do direito é criar um sistema de regras entendido aqui como a imposição de lógica, clareza, ordem e coerência entre elas. Acredita-se que esse método eliminará as contradições, tornando o processo de tomada de decisão previsível e assegurando justiça nas decisões, porquanto todos serão tratados igualmente.[16] Esse tem sido, historicamente, o objetivo perseguido pela grande maioria dos estudiosos dessa família jurídica.[17]

Por essa razão, parece claro, nesse contexto, que o desafio dos juristas brasileiros é manter um sistema de normas independentemente de sua multiplicidade de fontes e origens, isto é, ordenar o aparente caos legislativo adveniente do Congresso. O ponto fulcral dessa ideia é que o papel dos juristas continua a ser o de conferir nitidez e clareza ao direito, de modo que o sistema resulte preservado.[18] Dessa forma, por um lado, uma vez aprovada a legislação pelo

---

[15] Classificação estabelecida por David (1995).
[16] Ver, por exemplo, Canaris (1991). Ver também Larenz (1988).
[17] Wieacker, 1980:47; Martins-Costa, 1996; Watson, 1985.
[18] O Cade, principal órgão do direito da concorrência no Brasil — detalhado adiante —, não parece estar totalmente de acordo com o seu papel de manter a tradição jurídica brasileira. Aliás, tem sido acusado de interpretar a nova legislação brasileira antitruste baseando-se nas decisões das cortes e nas opiniões dos estudiosos dos Estados Unidos e da União Europeia, independentemente do sistema jurídico brasileiro. Um bom exemplo dessa atitude é encontrado no Processo Administrativo nº 148/94,

Congresso, independentemente da sua fonte (seja originária da *common law* ou do sistema romano-germânico), ela deve ser integrada ao já existente ordenamento jurídico.[19] Por outro lado, doutrinadores e magistrados brasileiros, quando "transplantam" a legislação, deveriam ter em conta também a leitura que os doutrinadores e magistrados estrangeiros fazem de seu próprio sistema jurídico, o qual foi transplantado, a fim de tirar o máximo proveito da experiência alienígena. Caso contrário, a simples reprodução do direito estrangeiro nada significa (é a diferença entre *law on the books* e *law in action*).[20]

O contexto econômico-político brasileiro da regulação dos contratos internacionais de transferência de tecnologia

Existe consenso de que a inovação tecnológica é o caminho do desenvolvimento econômico.[21] O propósito de desenvolvimento industrial e de descoberta de novas tecnologias, como meios para alcançar independência econômica em relação ao chamado "Primeiro Mundo", tem sido constante e controverso no Brasil.[22] Constante porque desde o governo de Getúlio Vargas, em 1930,

---

em que são representantes o Sindicato das Indústrias de Panificação e Confeitaria de São Paulo e a Associação das Indústrias de Panificação e Confeitaria de São Paulo, e representadas as Indústrias Alimentícias Gerais (Kibon), publicado na página do Cade (<www.mj.gov.br/cade>). Nesse caso, o Cade avaliou se a política de preço da representada, fabricante de sorvete, para com os seus revendedores seria considerada uma prática de fixação de preço e, então, uma violação à ordem econômica. O que resultou decidido nesse caso não se faz importante nesse momento. Contudo, é relevante notar aqui a grande quantidade de citações dos precedentes americanos, tais como Colgate & Co. v. Teh U.S. (1919) e Monsanto Co. v. Spray-Rite Service Corp. (1984), presentes na decisão. Além disso, estudiosos americanos e europeus foram, da mesma forma, citados na decisão e louvados. A legislação da União Europeia sobre franquias foi também mencionada e simplesmente adotada. Para uma defesa brilhante da tradição jurídica brasileira, ver Forgioni (1998:400). A autora comenta que o fácil acesso aos precedentes americanos, especialmente pela internet, traz forte influência de decisões alienígenas às razões das decisões do Cade, pelas quais o direito alienígena é louvado e simplesmente aplicado aos casos brasileiros, onde o ambiente econômico é completamente diferente.

[19] Bobbio, 1990.
[20] Cooter e Schaefer, 2006.
[21] Ibid.
[22] Haug (1992:217) comenta que "as concepções interligadas de transferência de tecnologia e desenvolvimento não são novidade para muitos países do Terceiro Mundo. O desenvolvimento tem sido posto como prioridade máxima para nações do Terceiro Mundo (...) havia um consenso geral de que existia uma séria lacuna tecnológica" (tradução livre de: "*The twin concepts of technology transfer and development are nothing new to many third world nations. Development has always been a top priority for third world nations (...) there was a general agreement that a serious technological gap existed*").

a política econômica tem sido direcionada à industrialização, afastando-se do modelo de exportação de matérias-primas.[23] Por outro lado, tal intento tem sido controverso porque perseguido por vários diferentes modelos políticos, alguns deles incongruentes entre si.[24] Assim, por um longo período, o governo brasileiro foi responsável por impulsionar, por meio de investimentos, o crescimento econômico. Isso ocorreu, primeiramente, durante o período Vargas e, mais tarde, nos anos de 1960 e 1970, com a adoção da política de substituição de importações.[25] Contudo, no primeiro período, grandes incentivos foram dados às empresas estatais, principalmente de petróleo e aço, ao passo que mais recentemente os investimentos foram destinados diretamente às empresas multinacionais.

A ideia central da política de substituição de importações era a de promover a independência em relação à economia mundial, encorajando a produção industrial nacional, baseada em tecnologia local, para suprir a demanda doméstica sem depender das importações. Protegia-se a indústria nacional contra os competidores alienígenas em razão de sua posição de principiante. O governo recorreu, também, a empréstimos estrangeiros para investir e enfrentar

---

[23] *The Economist*, 1999.
[24] Por exemplo, Getúlio Vargas assumiu o poder com um golpe de Estado, em 1930, objetivando terminar com a hegemonia da política do café com leite, representada pelos estados de São Paulo e Minas Gerais, dos quais saíam sucessiva e alternadamente os presidentes da nova República do Brasil, fundada em 1891 também com um golpe de Estado militar. A política desses presidentes foi de favorecer o modelo de exportação agrícola, em razão do interesse econômico da elite agrícola dos aludidos estados (especialmente os produtores de café). A industrialização e a urbanização do Brasil foram a maneira encontrada por Getúlio Vargas para dar cabo dos interesses econômicos da elite paulista. Após um governo democrático entre 1955-60, um novo golpe de Estado estava prestes a acontecer no Brasil, agora contra as medidas socialistas do novo presidente João Goulart (divisão de terras, educação pública). O governo militar adveniente foi responsável pela implementação da política de substituição de importações no Brasil, de orientação nacionalista e de direita.
[25] Carrasco assevera que, "antes dos anos 1930, os países latino-americanos adotavam políticas de livre-comércio voltadas para fora. Eles exportavam primordialmente matérias-primas agrícolas e minerais, nas quais obtinham uma vantagem comparativa, e importavam principalmente produtos manufaturados da Europa. A severa queda nos ganhos com exportação durante a grande depressão de 1930, porém, acentuou a vulnerabilidade das exportações desses países (e, em consequência, o seu desenvolvimento econômico) para os ciclos de comércio globais, estimulados pelos países industrializados. Os países latino-americanos voltaram, assim, as suas economias para a produção interna mediante políticas de substituição de importações e buscavam trocar manufaturas importadas por bens produzidos domesticamente. O Estado usou seu regime regulatório financeiro para realizar a função protecionista temporária, necessária para transformar os países latino-americanos em Estados industrializados. Tarifas elevadas e barreiras não tarifárias, como cotas de importação e exigências de autorização, forneceram proteção contra a esfera externa. Políticas de substituição de importações continuaram a proteger incipientes indústrias na América Latina após a II Guerra Mundial" (Carrasco, 1994:228).

o problema da falta de reservas do país (política de endividar-se para crescer — *borrow to growth*). Ao mesmo tempo que o governo liderava os investimentos em infraestrutura, a tecnologia necessária para satisfazer a demanda pelos produtos substituídos estava sendo transferida, basicamente, por meio dos investimentos estrangeiros diretos (IEDs) ou pelas licenças de patentes concedidas pelas multinacionais, sediadas nos países desenvolvidos, às suas subsidiárias integrais no Brasil.[26]

Essas políticas intervencionistas fazem parte de uma mudança de atitude no que toca ao investimento estrangeiro e aos contratos de transferência de tecnologia, o que inspirou os países em desenvolvimento a buscarem uma nova ordem econômica internacional (Noei). A Noei, como refere Sell,[27] "ofereceu intensa crítica ao liberalismo global e defendeu a atuação forte do Estado como agente do desenvolvimento industrial". Ainda, assevera a autora que a Noei "defendeu amplo acesso à moderna ciência e tecnologia em condições mais favoráveis e buscou um instrumento internacional para estabelecer regras básicas na condução das transações tecnológicas", vale dizer, um código internacional de conduta para os acordos de transferência de tecnologia. Enquanto os países desenvolvidos insistiam nas leis do mercado e na liberalização, *i.e.*, direito de concorrência, os principais países em desenvolvimento, entre eles o Brasil, aprovavam legislação no sentido de aplicar nova abordagem à tecnologia e desenvolvimento, de modo a controlar as licenças dos direitos de propriedade intelectual no mercado doméstico.[28] No Brasil, o Instituto Nacional de Propriedade Industrial foi encarregado de aplicar a nova política intervencionista.

---

[26] Stevens (1995:930) declara que, "como parte do pacote de medidas aplicado durante os anos 1970 (PSI), o Brasil abriu suas portas para o substancial investimento estrangeiro. (...) Consequentemente, em 1980, a economia brasileira estava largamente estribada nos investimentos das multinacionais". Tendo a mesma opinião, Haug assevera que as "transnacionais são as fontes da maior parte da tecnologia mundial (...) porquanto conduzem, praticamente, toda a pesquisa e desenvolvimento (P&D) no mundo. As multinacionais financeiras estáveis são, exclusivamente, capazes de levantar capital e comercialmente sustentar o risco de desenvolver P&D, a fim de garantir seus projetos. Por fim, as multinacionais são os *experts* do mundo na aplicação de ciência e tecnologia em produção e *marketing*" (Haug, 1992:212).

[27] Sell, 1998:41 (tradução livre de: *"presented a sweeping critique of global liberalism and asserted a strong role for the state as an agent of industrial development"* e *"defended greater access to modern science and technology on more favorable terms and sought an international instrument to establish ground rules governing technology transactions"*, respectivamente).

[28] Moss (1990:223) afirma que, "embora a tecnologia seja, geralmente, intangível e transferida por meio de uma forma de propriedade limitada, era vista pelo governo como um bem que, como era importado, deveria estar submetido aos princípios do PSI (...) transferência de tecnologia tendente a enfatizar menos a qualidade da tecnologia importada, ou a intensificação da eficiência

Em 1975, o Inpi aprovou o Ato Normativo nº 15, a fim de cumprir o seu dever legal de controlador das transferências de tecnologia, *inter alia*.

Apesar disso, a crise fiscal de 1982,[29] somada às fortes pressões dos países desenvolvidos através do órgão de cúpula do Acordo Geral sobre Tarifas e Comércio (Gatt)[30] e, também, de alguma forma, ao fracasso do modelo de substituição de importações em atingir seus objetivos de desenvolvimento e produção de tecnologia,[31] levou à adoção de reformas neoliberais no Brasil

---

e competitividade industrial, do que a obtenção de uma base tecnológica nacional sobre a qual os mexicanos poderiam exercer controle soberano" (tradução livre de: "*although technology is usually intangible and transferred through a form of limited ownership, it was viewed by the government as a good, the importation of which was subject to the principles of I.S.I. (...) technology transfer policy tended to place less emphasis on the quality of acquired technology, or on its enhancement of industrial efficiency and competitiveness, than on the attainment of a national technological base over which Mexicans could exercise sovereign control*").

[29] Carrasco (1994:245) elucida que, "com o tempo, a estratégia de tomar emprestado resultou em excessivos gastos e alto déficit fiscal. O empréstimo estrangeiro financiou o maior déficit comercial e postergou o dia do ajuste de contas. Com o aumento da demanda durante o *boom* econômico, o mesmo se deu com a inflação. Quando a crise fiscal oficialmente teve início, em agosto de 1982, os países latino-americanos devedores depararam-se com sérios problemas econômicos, os quais provinham de fatores internos e externos (alto débito fiscal, altas taxas de inflação, moeda sobrevalorizada, esmagadora dívida externa, altas taxas de juros internacionais)" (tradução livre de: "*over the time, however, the borrowing strategy resulted in excessive public expenditures and high fiscal deficits. External borrowing financed the widening trade deficits and postponed the day of reckoning. As domestic demand increased during the economic boom, so did inflation. When the debt crisis officially commenced in August of 1982, Latin American debtor countries faced a number of serious economic problems that stemmed from both internal and external factors (high fiscal deficits, high inflation rates, overvalued currencies, staggering of external debt, high international interest rates*").

[30] Laird (1995) assevera que, "recentemente, os países da América Latina reformaram significativamente suas políticas comerciais. Muitos desses países (inclusive o Brasil) tornaram-se membros do Gatt" (tradução livre de: "*in recent years Latin American countries significantly reformed their trade policies. Several Latin American countries (among them Brazil) became members of the GATT*"). Assim, não havia mais espaço para ilimitadas restrições tarifárias e não tarifárias de importados, uma medida típica da substituição de importações (Laird, 1995). Por óbvio, isso resultou do interesse econômico dos países desenvolvidos, consistente em explorar o enorme mercado protegido, mas, também, é devido à mudança significativa na política do Ministério das Relações Exteriores brasileiro, o qual "antes dos anos 1980, costumava referir-se ao Gatt como o clube dos ricos, designado a manter a superioridade econômica dos países desenvolvidos", como resultado da mentalidade PSI, porém, após tal período, passou a ver a entrada no Gatt como um meio para facilitar o acesso aos mercados externos, após o fracasso da política de substituição das importações (Rocco, 1998:213); (tradução livre de: "*before 1980s used to consider GATT as a rich men's club designed to maintain the economic superiority of developed countries*").

[31] Moss (1990:223) declara que "a consequência da política de substituição de importações foi que no início dos anos 1980, até mesmo após quatro décadas de vigoroso e praticamente ininterrupto crescimento econômico, a vasta maioria da tecnologia produtiva do México, estava obsoleta" (tradução livre de: "*the consequence of these policies (ISI) was that in the early 1980s, even after nearly four decades of vigorous and virtually uninterrupted industrial growth, the vast majority of Mexico's productive*

nas áreas de comércio, indústria e tecnologia.[32] Esse programa de liberalização começou seriamente com o primeiro governo democraticamente eleito, após o período ditatorial, em 1990.[33] De fato, o presidente Fernando Collor de Mello, aproveitando-se do ambiente anti-intervencionista após tantas crises, introduziu o denominado Plano Brasil Novo, *i.e.*, "um pacote de reformas econômicas envolvendo privatização,[34] desregulamentação e liberalização de comércio, juntamente com medidas estabilizantes". Essas políticas pró-mercado foram fortalecidas pelo presidente Fernando Henrique Cardoso, eleito em 1994 e reeleito em 1998.[35]

---

technology was obsolete"). Carrasco (1994:224) sustenta que "o pesado empréstimo, especialmente o feito pelo setor público, possibilitou à América Latina sustentar taxas de crescimento relativamente altas entre 1975-80" (tradução livre de: "*the heavy borrowing, especially by public sector, enabled Latin America to sustain relatively impressive growth rates between 1975-80*").

[32] Bastos, 1996:9.

[33] "No início dos anos 1980, o Brasil teve de enfrentar dois dramáticos acontecimentos: o segundo choque do petróleo, em 1980, enquanto o país ainda o importava; e a crise fiscal de 1982, quando o Brasil estava sobrecarregado com uma enorme dívida externa. A dívida resultou na perda repentina de financiamento estrangeiro (…) o governo continuou no dispendioso caminho de promover a exportação e reduzir a importação, drenando seus recursos ainda mais. Além disso, mais moeda foi impressa e emitida. Como corolário disso, o Brasil adentrou um período de inflação galopante (…) entre 1980 e 1990, houve oito planos para estabilizar a inflação, 18 mudanças nas regras de câmbio, 54 mudanças nos controles de preços e quatro moedas diferentes", de acordo com Stevens, 1995:932 (tradução livre de: "*In the early 1980s, Brazil had to contend with two dramatic events: the second oil price rise in 1980, while the country was still importing oil; and the debt crisis of 1982, when Brazil was burdened with an enormous foreign debt. The debt resulted in a sudden loss of foreign funding (…) the government continued on its costly course of export promotion and import reduction, draining its resources further. In addition, more money was printed and issued. As a result, Brazil entered in a period of spiralling inflation (…) between 1980 and 1990, there were eight plans to stabilize inflation, eighteen changes in the foreign exchange rules, fifty-four changes in price controls and four different currencies*"). Por um bom período do século XX, o Brasil tem sido uma das economias mundiais de mais rápido crescimento, atraindo imigrantes e empresários, e rapidamente industrializando-se. Mas esse "milagre econômico" desandou com a crise fiscal de 1982 (*The Economist*, 1999).

[34] O programa de privatização foi estabelecido pela Lei nº 8.031, de 12-4-1990, com os especiais propósitos de mudar a posição estratégica do Estado na economia, transferindo ao setor privado muitas das atividades administradas há muito pelo setor público, a fim de reduzir a dívida interna do Estado e fortalecer o mercado de capitais do Brasil. Cf. Freire e Pinto, 1994:689.

[35] "O Plano Real, do sr. Cardoso, adotado no início de 1994, estabeleceu no Brasil um precioso interstício de estabilidade econômica. Combinada com abertura comercial, a moeda forte e estável levou ao corte de gastos e ao investimento em tecnologia nos negócios brasileiros. O governo adotou um amplo programa de privatização, que ajudou a atrair níveis recordes de investimento estrangeiro" (*The Economist*, 1999; tradução livre de: "*Mr. Cardoso's Real Plan, introduced in early 1994, brought Brazil a precious interlude of economic stability. Combined with more open trade, the strong and stable currency forced Brazilian business to cut costs and invest in new technology. The government introduced a vast privatisation program that helped to attract record levels of foreign*

Na verdade, relatórios do Ministério da Ciência e Tecnologia do Brasil apontavam que a indústria brasileira vinha perdendo competitividade desde o início dos anos 1980 devido à falta de desenvolvimento de tecnologia local.[36] A razão para tanto foi o próprio fundamento do modelo de substituição de importações, pelo qual as empresas estavam desenvolvendo a tecnologia necessária para suprir o mercado interno, e, também, como os consumidores brasileiros não eram tão sofisticados quanto os estrangeiros, os produtos brasileiros não poderiam competir fora das fronteiras nacionais.[37] De fato, os produtores estavam ávidos por proteção e subsídios dados pelo governo para colherem enormes lucros sem desenvolver produtos padrão de alta tecnologia. Em outras palavras, a falta de concorrência no mercado brasileiro estava prejudicando o progresso da inovação, reconhecido pelo governo como a fonte básica de prosperidade na presente era.[38]

Obviamente, todas essas mudanças econômicas requereram uma nova regulação do mercado. De fato, a nova Lei de Propriedade Intelectual foi aprovada de modo a garantir o fluxo maciço de investimento estrangeiro, a ser alcançado pelo governo através do processo de desregulamentação e privatização, de forma que as empresas poderiam ter seus investimentos garantidos.[39] A bem da verdade, a proteção dos direitos de propriedade intelectual é tida como a pedra de toque de um sistema de mercado, por meio do qual incentivos para

---

investment"). De fato, "os números *per se* são impressionantes (...) não obstante, encontraram-se maneiras de administrar o débito exorbitante (1982) (...) os governos do continente (América Latina) superaram a arraigada inclinação política da burocracia ineficaz e experimentaram programas politicamente impopulares de estabilização e reestruturação econômica (...) a reestruturação do ambiente econômico serviu para renovar o interesse na região para investimentos estrangeiros (...) o *fluxo de capital na América Latina, em 1996, cresceu 52%* (...) O Brasil, sozinho, atraiu U$ 9,5 bilhões, em 1996, enquanto todo o Leste europeu (incluindo a Rússia) permaneceu nos U$ 12 bilhões em 1996" (Second Conference on "The economic and political challenges of market reform in Latin America", Southern Methodist University Tower Center, Dallas, Texas, Oct. 4, 1997; tradução livre de: "*the numbers themselves are impressive (...) yet, ways were found to deal with the debt overhand (in 1982) (...) governments around the continent (Latin America) surmounted the ingrained policy biases of a feckless bureaucracy and undertook politically unpopular programs for stabilization and economic restructuring (...) the reconstruction of the economic environment was such as to renew the appeal of the region for foreign investments (...) flows of capital into Latin America in 1996 increased by 52 per cent (...) Brazil alone attracted U$ 9,5 billion in 1996 while all Eastern Europe (including Russia) stood at only U$ 12 billion in 1996*").

[36] Ministério da Ciência e Tecnologia, 1993:13.
[37] Para uma descrição do grau de sofisticação dos consumidores americanos, ver Galbraith (1987).
[38] Ministério da Ciência e Tecnologia, 1993:13.
[39] Id., ibid., p. 28.

se desenvolverem inovações e novas tecnologias são dados pela concessão de exclusividade de exploração da invenção ao seu inventor.

Em um cenário como esse, uma prática intervencionista na propriedade intelectual e na transferência de tecnologia seria incompatível com as políticas favoráveis ao mercado em uma economia ainda dependente de investimento estrangeiro. Nesse sentido, também as leis antitruste tinham de ser modificadas, a fim de cumprir o seu papel fundamental de controle do poder de mercado e de promoção da concorrência em uma economia liberalizada.[40] Em um sistema econômico voltado para o mercado, a lei antitruste constitui-se no ponto nevrálgico[41] para garantir a eficiência do modelo e servir de supervisor da liberdade das partes, as quais operam, teoricamente, livres no mercado.[42]

Mas essas leis podem colidir... nem sempre a proteção da invenção em caráter de exclusividade atende a uma economia de mercado. Aí é que o direito antitruste é chamado. Preocupa aqui essa colisão no âmbito dos contratos de transferência de tecnologia.

Os contratos internacionais de transferência de tecnologia

A definição de um contrato internacional de transferência de tecnologia pode ser elaborada a partir da definição do que seja um contrato internacional e do que seja uma transferência de tecnologia.

Contrato internacional, na doutrina jurídica, é aquele contrato que contém um elemento de estraneidade, ou seja, aquele fator jusprivatista que conecta uma determinada relação negocial a mais de um ordenamento jurídico estatal (normalmente o local de domicílio das partes contratantes, ou o local de execução do contrato).[43] Em comércio exterior, o contrato internacional é aquele que envolve um fluxo internacional de mercadorias, ou seja, uma operação de importação ou exportação (envolvendo, portanto, atividades de despacho aduaneiro na fronteira ou no porto, ou mesmo no aeroporto de um país).[44]

---

[40] Ministério da Ciência e Tecnologia, 1993:35.
[41] O *bill of rights* das empresas, de acordo com a Suprema Corte dos Estados Unidos.
[42] Timm, 2007.
[43] Baptista, 1994; Basso, 2002; Strenger, 1986.
[44] Murta, 1995.

A legislação brasileira admite esses dois critérios, ao definir os contratos que podem ser estipulados em moeda estrangeira — justamente pelo seu caráter inequivocamente internacional — no Decreto-Lei nº 857/69, em seu art. 2º:

> Art. 2º. (...)
> I — aos contratos e títulos referentes à importação ou exportação de mercadorias;
> II — aos contratos de financiamento ou de prestação de garantias relativos às operações de exportação de bens de produção nacional, vendidos a crédito para o exterior;
> III — aos contratos de compra e venda de câmbio em geral;
> IV — aos empréstimos e quaisquer outras obrigações cujo credor ou devedor seja pessoa residente e domiciliada no exterior, exceptuados os contratos de locação de imóveis situados no território nacional;
> V — aos contratos que tenham por objeto a cessão, transferência, delegação, assunção ou modificação das obrigações referidas no item anterior, ainda que ambas as partes contratantes sejam pessoas residentes ou domiciliadas no país.

Por sua vez, de acordo com Barbosa (1988), citando o Conselho das Américas de 1978:

> Transferência ocorre quando um conhecimento é concedido de uma pessoa a outra. Isso pode ocorrer por meio de licenças; investimento direto; assistência técnica; contratos de gestão; consultoria; marcas; contratos de *turn-key* (...) A tecnologia pode ser transferida com sucesso para uma variedade de usuários, por vários meios, por uma multiplicidade de atividades e variados motivos. A transferência não significa a transferência permanente da propriedade da tecnologia; ela também se refere à cessão temporária dos direitos de uso da tecnologia por um período limitado de tempo, sob certas condições ainda dentro do controle da firma detentora (...).[45]

---

[45] Barbosa, 1988.

O site do Inpi lista as modalidades de transferência de tecnologia:[46]

- cessão ou exploração de patentes;
- cessão ou uso de marca;
- fornecimento de tecnologia;
- prestação de serviços de assistência técnica;
- franquia (não classificada expressamente como transferência de tecnologia).

A doutrina costuma sistematizar os contratos de transferência de tecnologia com base em uma bipartição: contratos referentes à propriedade industrial (licenças e cessões de marcas e patentes devidamente registradas no Inpi); contratos sem propriedade industrial (como de franquias, de *know-how*, de engenharia e de prestação de assistência técnica).[47]

Portanto, por contrato internacional de transferência de tecnologia quer-se dizer todos os contratos de licença e cessão de marcas e patentes, *know-how*, engenharia, serviços quando as partes estão em domicílios distintos ou quando o local de execução for um país distinto da sede das empresas contratantes. De especial relevo para este trabalho são os contratos de transferência de tecnologia que precisam ser executados no Brasil porque uma empresa sediada no país receberá tecnologia de empresa sediada em outro país.

Cada um desses contratos tem uma estrutura própria, objetivos específicos. Mas em todos eles haverá a transferência de um conhecimento (registrado ou não em algum órgão patentário) passível de aplicação empresarial e de exploração comercial. Via de regra, a remuneração nesses casos é mediante *royalties* — que pode ser em termos percentuais ou fixos. A duração também é variável para cada modelo contratual. Nas patentes, não pode ultrapassar o seu prazo de vigência. No *know-how*, existe uma limitação de cinco anos, renováveis por mais cinco, segundo a inexplicável práxis do Inpi.

Esse contrato terá de ser registrado no Inpi para fins fiscais e também para viabilizar o envio das remessas de *royalties* ao exterior.

Sustentamos neste trabalho que o contrato também terá de ser submetido ao Cade, quando os pressupostos da Lei nº 8.884 estiverem presentes.

---

[46] Ver <http://www6.inpi.gov.br/faq/transferencia/transferencia.htm?tr4#t2>. A nomenclatura pode variar, dependendo do órgão regulador ou governamental, mas fica dentro dessa estrutura — Inpi (AN nº 135/97), Bacen (CC nº 2.816/98).
[47] Ibid.

Listaremos, ao longo deste trabalho, cláusulas tipicamente problemáticas desses acordos com risco ao sistema da concorrência: *grant-back*, *post expiry*, *no challange*, *tying arrangements*, *non-competition clauses*, *export restrictions*, *package licence*, *cross-licensing*, *pooling patents*.

O modelo regulatório do contrato de transferência de tecnologia no Brasil: da regulação total ao direito da concorrência

Referiu-se neste trabalho que as mudanças políticas e econômicas no Brasil levaram a uma alteração no modelo regulatório dos contratos de transferência de tecnologia. Nesse sentido, asseverou-se que a história do controle substancial sobre os contratos de transferência de tecnologia não se afasta do direito da concorrência, como ocorre no chamado "Primeiro Mundo" — como nos Estados Unidos e na União Europeia. No Brasil, bem como em outros tantos países latino-americanos e da península Ibérica,[48] contratos de *know-how* e de licenciamento de patentes foram, em um primeiro momento, basicamente regulados seguindo os contratos internacionais de transferência de tecnologia.

A rigor, na verdade, a primeira fase regulatória no Brasil foi a falta de regulação, *i.e.*, os contratantes tinham completa liberdade para contratar, consoante o princípio da liberdade contratual (cabe notar, por oportuno, que o Brasil é independente desde 1822 e a regulação propriamente dita somente teve início na década de 1970). Contudo, àquele tempo, a transferência de tecnologia não tinha tanto relevo, como passou a ter nos anos 1960.

O fenômeno da intervenção, conforme discutido anteriormente, é interligado com o debate sobre desenvolvimento, nova ordem econômica, direito de acesso a novas tecnologias, ocorrido nos anos 1950, 1960 e 1970, sustentando um código internacional de conduta para transferência de tecnologia.[49] Nesse momento, os países em desenvolvimento, liderados pela América Latina, tentavam proteger as suas empresas do poder das multinacionais e,

---

[48] O processo de liberalização somente ocorreu em Portugal, por exemplo, quando o país passou a compor a Comunidade Econômica Europeia (CCE). Em 1989, o governo português, por meio do Despacho Normativo nº 86, tornou a regulação sobre as operações de transferência de tecnologia mais branda. Cf. Antunes e Manso (1993:19-21).
[49] Ver Fikentscher, 1980.

ainda, impulsionar o desenvolvimento de tecnologia local, ao passo que os países desenvolvidos preocupavam-se, tão somente, em empregar as regras antitruste nos contratos internacionais de transferência de tecnologia. Em razão dos interesses opostos, não houve cooperação internacional na resolução do problema.

Em decorrência disso, muitos países latino-americanos, inclusive o Brasil, tomaram medidas unilaterais no propósito de resolver a questão e aprovaram legislação para controlar os contratos de licenciamento, no mercado doméstico, em concordância com os objetivos citados. Esse é o pano de fundo da edição, pelo Inpi, do Ato Normativo nº 15, de 11-9-1975, ao qual foi conferido força de lei para regular as transações de tecnologia, requerendo a aprovação prévia das operações nos órgãos patentários, os quais imporiam limite de validade a certas cláusulas contratuais. Mais adiante, com a promulgação da Lei nº 3.470, de 28-11-1958, que alterou a legislação do imposto de renda, a legislação já tinha limitado, de alguma forma, os contratos de licenciamento no tocante à tributação, sendo complementada pela Lei de Repatriação de Lucros, de 1970.[50]

De qualquer forma, o aludido ato normativo emitido pelo Inpi foi, certamente, o auge da era da intervenção. Entretanto, mais recentemente, através do Ato Normativo nº 120, de 17-12-1993, do novo Código de Propriedade Industrial e da nova Lei da Concorrência, o Brasil modificou o tratamento conferido aos acordos de transferência de tecnologia e estabeleceu um controle das operações via legislação antitruste. Tal fato se deu em razão do fracasso do modelo idealista de regulação direta em cumprir os fins a que se destinava e todas as circunstâncias comentadas na introdução deste estudo.[51]

A era da intervenção paternalista

O regime de transferência de tecnologia foi estruturado nas bases do Código de Propriedade Industrial, Lei nº 5.772, de 21-12-1971. Esse código foi desenvolvido com a intenção de proteger a propriedade industrial no concernente à tecnologia, assegurando: a concessão, através do registro, de direitos

---

[50] Essa lei, em seu art. 74, limita a possibilidade de dedução de gastos com importação de tecnologia do lucro bruto das pessoas jurídicas. Antes dessa lei, todas as despesas com transferência de tecnologia poderiam ser utilizadas para deduzir a receita bruta, para fins de redução da tributação incidente.
[51] Cf. Berkmeier, 1986; Silva, 1996.

de propriedade da invenção e a garantia de privilégios em sua exploração; e a repressão à concorrência desleal (art. 2º). O código versava, em seus arts. 29 e 30, sobre a concessão da licença de exploração da patente; o art. 33 tratava da licença obrigatória para exploração da patente; art. 90 mencionava o licenciamento das marcas; e, finalmente, o art. 126 estabeleceu a averbação, no Inpi, dos atos ou contratos que impliquem transferência de tecnologia.[52]

O Inpi é uma autarquia federal criada pela Lei nº 5.649, de 11-12-1970, para substituir o Departamento Nacional da Propriedade Industrial (DNPI). É dividido em quatro setores: Diretoria de Patentes (Dirpa), Diretoria de Marcas (Dirma), Departamento de Transferência de Tecnologia (Dirtec) e Centro de Documentação e Informação Tecnológica (Cedim).[53] O Inpi foi concebido tendo por objetivo regular e controlar o cumprimento dos direitos de propriedade industrial e, também, das licenças de tecnologia, como exposto no aludido código. No entanto, isso não é tudo. Através de seus atos normativos, o Inpi implementou a política governamental na área de tecnologia, especialmente pelo conhecido Ato Normativo nº 15, de 11-9-1975, inspirado nas ideias intervencionistas da Noei.

O mecanismo básico criado pelo referido ato normativo foi a triagem, que tem início com o preenchimento de um formulário especial, por meio do qual a autoridade administrativa da autarquia controla os termos dos contratos de licença e de importação de conhecimento tecnológico. A ampla determinação do Inpi abarcava importantes cláusulas constantes dos contratos de transferência de tecnologia. Na verdade, o Ato Normativo nº 15 autorizava o Inpi a realizar, em qualquer contrato, uma análise econômica da razoabilidade da importância a ser paga pelo receptor (normalmente os *royalties*). O Inpi poderia, também, determinar o total de custos e benefícios que a economia do país receptor poderia obter dos acordos sujeitos à aprovação e registro.[54] Além disso, o Inpi poderia realizar um certo grau de avaliação tecnológica, vez que estava capacitado a proibir a importação de tecnologia que o receptor pudesse, razoavelmente, desenvolver ou, então, proporcionar efeitos positivos no mercado doméstico aperfeiçoando a capacidade tecnológica local.[55] Ainda, as cláusulas que garantiam a renúncia

---
[52] Silva, 1996.
[53] Inpi, s.d.:1. Trata-se de um folheto de divulgação publicado pelo Inpi no período em que a sua presidência foi ocupada pelo sr. Hissao Arita, durante o governo de Itamar Franco.
[54] Cabanellas, 1984:23.
[55] Ibid., p. 25.

de direitos eram consideradas nulas. Outrossim, controle especial foi conferido à relação entre as operações de companhias subsidiárias, de forma a proibir a dedução dos *royalties* sobre a renda tributável, quando dos pagamentos feitos às congêneres estrangeiras.

O Ato Normativo nº 15 continha disposição autorizando a rejeição de formulários de registro para os contratos que apresentassem quaisquer das aludidas cláusulas ilegais. Em consequência disso, cláusulas que, de acordo com a interpretação dada pelo Inpi, fossem consideradas contra as disposições do citado ato normativo, deveriam ser consideradas nulas e ineficazes, dando margem à negativa do registro do contrato. O escopo disso era proteger e aprimorar a tecnologia local.

Essas regras foram criadas na tentativa de fortalecer o poder de barganha dos adquirentes domésticos de tecnologia. O governo acreditou que os mercados internacionais de tecnologia eram altamente imperfeitos, o que capacitava os fornecedores a obter larga vantagem sobre as companhias nacionais menores, em razão da grande lacuna tecnológica existente. Era uma maneira de, da mesma forma, proteger a balança de pagamentos do país de destino. O objetivo era, também, fornecer informação, de modo a equilibrar a relação entre exportadores e importadores e aperfeiçoar a qualidade e a assimilação da tecnologia transferida, estimulando, assim, a inovação local.[56]

Todavia, o contexto político e econômico já mencionado neste estudo levou o governo brasileiro a mudar a sua forma de agir referente à licença de transferência de tecnologia. Tais mudanças revelaram-se basicamente no Novo Código Industrial e no Ato Normativo nº 120, de 17-12-1993, editado pelo Inpi.

Liberalização: controle antitruste

A Resolução nº 22, de 27-2-1991, do Inpi, deu início ao processo de liberalização que culminou na liberdade de contratar prevista no Ato Normativo nº 120, de 17-12-1993. O Inpi, por meio dessa resolução, reduziu os tipos de contratos considerados transferências de tecnologia[57] e diminuiu

---

[56] Cabanellas, 1984:31-35.
[57] Art. 2º São formas de transferência de tecnologia: a) exploração de patente; b) uso de marcas; c) importação de tecnologia; d) prestação de serviços de assistência técnica e científica.

suas definições e requisições. O art. 9 requeria do transferidor da tecnologia somente a prestação de assistência técnica e informacional, vez que, desse modo, o receptor poderia efetivamente absorver a tecnologia. Por fim, o art. 12 limitava o preço, mencionando que a importância a ser paga deveria ter por base o preço internacional e o nacional e, ainda, estar de acordo com o preço praticado em contratos similares. Entretanto, a grande liberalização adveio com o ato normativo de 1993.

O Ato Normativo nº 120, de 17-12-1993, eliminou todos os requerimentos substanciais para os contratos de transferência de tecnologia e criou o chamado "registro por decurso de prazo". De acordo com o item 4 desse ato normativo, o Inpi limita sua análise, tão somente, à verificação da situação das marcas e patentes licenciadas, não podendo realizar nenhum outro tipo de análise contratual não especificada no próprio ato normativo. Nesse sentido, o §1º do item 4 elucida a questão, asseverando que não serão objeto de análise ou de exigência por parte do Inpi os dispositivos contidos nos atos ou contratos de que trata esse ato normativo, não especificamente relacionados aos aspectos elencados no *caput* desse item 4, inclusive aqueles que se refiram a preço, condições de pagamento, tipo e condições de transferência de tecnologia, prazos contratuais, limitações de uso, acumulação de objetos contratuais, legislação aplicável, jurisdição competente e demais cláusulas.

Além disso, em que pese a redação do item 2 expressar que, por exemplo, os dispositivos que ofenderem a soberania nacional, a ordem pública e os bons costumes serão considerados nulos, o §2º do item 4 estatui que o Inpi não poderá recusar averbação com base em alegada violação de legislação repressora de concorrência desleal, legislação antitruste ou relativa a abuso de poder econômico, de proteção ao consumidor.[58] No que tange a prazos, o item 6 determina que os contratos serão averbados pelo Inpi no prazo máximo de 30 dias, corridos da data do protocolo do respectivo formulário de pedido de averbação, preenchido de maneira correta e completa, com seus anexos. Na ausência de qualquer objeção, o contrato é automaticamente averbado. Por outro lado, o Ato Normativo nº 120/93 encarregou o Inpi de

---

[58] Da leitura dos itens 2 e 4, do Ato Normativo nº 15, evidencia-se uma leve contradição. Embora os contratos que violem a ordem pública sejam considerados nulos, o Inpi não poderá deixar de averbá-los.

prestar consultoria ao governo e às empresas brasileiras, tanto na aquisição de tecnologia quanto na obtenção do licenciamento.[59]

O novo regime, que deu causa ao Ato Normativo nº 120/93, foi confirmado pelo Novo Código de Propriedade Industrial, aprovado em 1996, e pela legislação antitruste, de 1994. O novo código não concedeu poder ao Inpi para intervir nos contratos de transferência de tecnologia. Na verdade, de acordo com o previsto em seu art. 211,[60] o Inpi irá, tão somente, registrar os contratos que impliquem transferência de tecnologia. Outro Ato Normativo, nº 135, do Inpi, foi aprovado em 15-4-1997 para adaptar o antigo ato normativo, de 1993, às disposições do novo Código de Propriedade Industrial. Esse ato normativo basicamente reafirma o que estatuía o ato de 1993, não concedendo qualquer margem de poder ao Inpi para recusar o registro do contrato com base no conteúdo das suas cláusulas.

De fato, o item 2 do Ato Normativo nº 135 prevê que o Inpi registrará os contratos que impliquem transferência de tecnologia, assim entendidos os de licença de direitos (exploração de patentes ou de uso de marcas) e os de aquisição de conhecimentos tecnológicos (fornecimento de tecnologia e prestação

---

[59] O Inpi tem desenvolvido, pelo menos até agora, um projeto denominado "Produtos e serviços de informação tecnológica", a fim de cumprir o seu novo papel consultivo, o qual foi, na verdade, dividido em quatro programas.

Programa de Fornecimento Automático de Informação Tecnológica (Profint): objetiva fornecer e regular, automaticamente, cópias de documentos de patentes nacionais e estrangeiras a empresas nacionais que mantêm atividades de pesquisa e desenvolvimento (P&D), na área de interesse de cada empresa, através de um contrato firmado entre a parte interessada e o Inpi. As áreas de interesse abarcadas pelo programa são definidas considerando os campos diretos e indiretos de atuação, que estejam codificados pelos técnicos do Inpi de acordo com a Classificação Internacional de Patentes. O propósito precípuo é manter a companhia atualizada acerca dos mais recentes desenvolvimentos tecnológicos em suas respectivas áreas de interesse.

Monografias: de modo a utilizar a documentação de patente e outras fontes técnicas e de mercado por empresários, indústrias e universidades. Através da Divisão de Informação Tecnológica, desde 1992 o Inpi desenvolve monografias que, espera-se, contribuam para a economia nacional.

Monitoramento Tecnológico: tendo em vista que quase 80% da documentação técnica se encontram somente em patentes, aqueles estudos disponibilizam a evolução tecnológica em um campo específico servindo-se da documentação de patente.

Prospecto Tecnológico: concerne a diagnósticos setoriais envolvendo aspectos relacionados com os produtos demandados — de onde são provenientes os produtos, por quem são fabricados e quem os fornece, bem como qual a tendência do mercado. Ver o site do Inpi: <www.inpi.gov.br>.

[60] Art. 211. O Inpi fará o registro dos contratos que impliquem transferência de tecnologia, contratos de franquia e similares para produzirem efeitos em relação a terceiros.

de serviços de assistência técnica e científica), e os contratos de franquia.[61] Os únicos requisitos para o registro do contrato estão declinados no item 3 do mesmo ato normativo: indicação clara de seu objeto, a remuneração ou os *royalties*, os prazos de vigência e de sua execução.[62] Os requisitos que devem constar do formulário do pedido de registro estão listados no item 4: original do contrato; tradução para o português; carta explicativa justificando a contratação; ficha de cadastro da empresa cessionária da transferência de tecnologia ou franqueada.

O dever, imposto ao Inpi, de prestar serviços de consultoria e suporte nas áreas de tecnologia e contratos, tanto para o governo quanto para os contratantes brasileiros, será cumprido na forma do exposto no item 5, entre outras coisas: elaborando e colocando à disposição do governo e dos interessados estudos e relatórios relativos às contratações de tecnologia ocorridas nos diversos setores industriais e de serviços, com base nas averbações levadas a efeito pelo Inpi, visando à concessão de subsídios à formulação de políticas setoriais e governamentais específicas; ou, ainda, elaborando, a pedido da parte interessada, pesquisas específicas quanto a patentes eventualmente disponíveis para fins de licenciamento, e/ou identificando, selecionando e indicando fontes de aquisição de *know-how*, dados técnicos ou assistência técnica específica no exterior ou no território nacional.

Na área contratual, o Inpi cumprirá seu dever colocando à disposição das empresas domiciliadas no Brasil dados e aconselhamentos de técnicos habilitados e com larga experiência na análise de contratos, objetivando subsidiar a negociação econômica de tecnologia a ser contratada e colhendo dados e estatísticas quanto à forma de negociação e os preços médios praticados em contratos de licenciamento e de transferência de tecnologia em setores específicos, nos mercados nacional e internacional, colocando-os à disposição dos interessados.

Mas a liberalização do controle substancial do contrato não significa ausência de regulação no mercado. Hodiernamente, o controle da ordem pública nas operações de transferência de tecnologia deve ser realizado pelo Conselho Administrativo de Defesa Econômica, autarquia vinculada ao Ministério da Justiça, que tem por finalidade orientar, fiscalizar e prevenir o abuso do poder econômico, conforme as justificativas que se seguem.

---

[61] 2. O Inpi averbará ou registrará, conforme o caso, os contratos que impliquem transferência de tecnologia, assim entendidos os de licença de direitos (exploração de patentes ou de uso de marcas) e os de aquisição de conhecimentos tecnológicos (fornecimento de tecnologia e prestação de serviços de assistência técnica e científica), e os contratos de franquia.

[62] 3. Os contratos deverão indicar claramente seu objeto, a remuneração ou os *royalties*, os prazos de vigência e de execução do contrato, quando for o caso, e as demais cláusulas e condições da contratação.

Justificativa: por que a transferência de tecnologia deve estar submetida às regras de concorrência?

A primeira doutrina jurídica a debater explicitamente a interseção entre as operações de transferência de tecnologia e o direito concorrencial, ou, mormente, a discutir os efeitos anticoncorrenciais advenientes do exercício dos direitos de propriedade intelectual, parece ter sido a americana. O fato de o Brasil ter transplantado o direto de concorrência americano — o que é parcialmente verdadeiro, porquanto outros modelos jurídicos foram também usados, tal como o da União Europeia — não significa que o debate ocorrido nos Estados Unidos deve ser considerado o único possível teoricamente. Na verdade, a legislação transplantada deve ser sistematicamente recepcionada pelo ordenamento jurídico brasileiro.[63] Entretanto, isso não significa que não possa vir a ser útil referir ao debate ocorrido nos Estados Unidos e especialmente que ele não deva servir de ponto de partida e mesmo de paradigma em suas conclusões.

O debate antitruste americano em relação à transferência de tecnologia

Embora exista controvérsia entre os estudiosos,[64] há quase um consenso nos Estados Unidos no sentido de que os direitos de propriedade intelectual ajudam a impulsionar o desenvolvimento da economia por meio da concessão do direito exclusivo de criar, usar e explorar o objeto protegido. Argumenta-se que a proteção da propriedade intelectual confere o incentivo necessário para o aperfeiçoamento de tecnologias e ideias, tendo os inventores o direito de serem donos daquilo que criaram. Se esse incentivo econômico não for concedido, os agentes econômicos não terão a vontade e o empenho necessários para inovar, tendo em vista que os concorrentes poderiam fiar-se em suas descobertas.[65] Ademais, todos têm o direito moral de apropriar o resultado de seu trabalho e de seu conhecimento — o suor do esforço pessoal.[66]

Além disso, o sistema de registro dispõe sobre a divulgação da informação envolvida na novidade, de modo que os demais agentes econômicos podem

---
[63] Para uma brilhante defesa da tradição jurídica brasileira, ver Forgioni, 1998:400.
[64] Hettinger, 1989.
[65] Ibid., p.48.
[66] Ibid., p.36 (tradução livre de: "*sweat of the brow*").

fiar-se e utilizar essa informação a longo prazo. Enquanto isso, o inventor tem o direito de explorar o monopólio a ele concedido, a fim de reaver o investimento feito em pesquisa e desenvolvimento (P&D).[67] Por outro lado, o direito antitruste foi concebido para, em nome da concorrência e dentro de certos pressupostos, quebrar monopólios e cartéis, isto é, regular os agentes com poder dominante no mercado.

Esses argumentos foram levantados e sopesados no conhecido debate americano entre magistrados e doutrinadores, ao longo do século XX, acerca da aplicação do Sherman Act aos direitos de propriedade intelectual.[68] Inicialmente, devido à peculiaridade da propriedade intelectual, o controle concorrencial sobre os detentores desse direito não foi admitido nos Estados Unidos. Porém, o resultado do debate se deu no sentido de tratar o direito de propriedade intelectual como uma forma de direito de propriedade e, como tal, submetido ao direito da concorrência.[69] Devido a isso, os contratos de transferência de tecnologia são vistos como qualquer outra forma de contrato capaz de restringir a concorrência, tendo como base de análise o estabelecido na seção I do Sherman Act: mercado relevante, poder de mercado, poder econômico e cláusulas anticoncorrenciais.

Dessa forma, nos Estados Unidos, a abordagem da interseção entre propriedade intelectual e lei antitruste pode ser dividida, basicamente, em dois períodos: o primeiro, iniciado logo após a aprovação do Sherman Act (1890), no qual o controle sobre os direitos de propriedade intelectual não era admitido; o segundo, que teve início em 1912 e ainda vige, no qual as práticas anticoncorrenciais dos detentores do direito de propriedade intelectual são controladas pelas autoridades antitruste, estribando-se na visão concorrencial.

Assim, nos primeiros 20 anos de coexistência dos direitos de propriedade intelectual e das regras anticoncorrenciais, em caso de conflito de regras ou princípios, prevaleceram aqueles. No caso paradigmático E. Bement & Sons v. National Harrow Co.,[70] o tribunal asseverou que a propriedade intelectual

---

[67] Cornish, 1996:108.
[68] Para o debate, ver Tom e Newberg (1997); Sobel (1985:681); Kobak Jr. (1996:341); Rule (1991:729); Rosen (1994:669).
[69] Ver o *Antitrust guidelines for the licensing of intellectual property*, emitido pelo Departamento de Justiça dos Estados Unidos e pela Comissão Federal de Comércio, em 1995.
[70] 186 U.S. 70 (1902). Nesse caso, National Harrow processou Bement porque este estava vendendo produtos abaixo do preço de tabela, fixado pelo consórcio de patentes do qual ambos participavam. A Corte decidiu em favor de Harrow, estatuindo que a regra geral é a liberdade absoluta no uso ou cessão de direitos sob a lei patentária.

constituía uma propriedade privada sujeita a quase nenhum controle, em razão da discricionariedade ilimitada do proprietário desse direito. Assim, nesse período, o titular do direito de propriedade intelectual gozava de poderes discricionários de tal forma que era impensável a imposição de limites ao seu direito. Essa concepção foi substancialmente modificada após a Suprema Corte americana estatuir, em 1912, no caso Standard Sanitary Mfg. Co. v. United States,[71] que finalmente admitia o controle da propriedade intelectual com base na lei geral, inclusive no Sherman Act, dando início ao segundo período mencionado.

De 1912 até meados da década de 1970, havia um inerente conflito entre propriedade intelectual e o direito antitruste, embora a regulação fosse, teoricamente, admitida. Isso se deveu ao fato de que o direito de propriedade intelectual conferia o direito de monopólio sobre a descoberta patenteada, e o direito concorrencial objetivava a quebra desse monopólio. A posição prevalecente nas decisões da Corte e, ainda, adotada pela Comissão Federal de Comércio foi a da regulação pelo direito concorrencial. As duas decisões paradigmáticas da Corte Suprema foram proferidas nos casos Standard Sanitary Mfg. Co. v. United States, já mencionado, e Motion Picture Patents Co. v. Universal Film Mfg. Co. (1917).[72]

A consequência dessa posição foi a rígida separação dos dois corpos de leis em dois polos opostos.[73] Esse substantivo conflito, no qual um corpo de leis confere o direito de monopólio e o outro, ao reverso, objetiva a quebra dessa exclusividade, foi resolvido interpretando-se o direito do titular do monopólio da propriedade intelectual como uma exceção ao Sherman Act. Em razão disso, a interpretação dessa posição monopolística deve ser circunscrita aos "limites e fronteiras da concessão da patente".[74] Qualquer ação que exceda os limites da concessão da patente significaria prática antitruste e, dessa forma, uma ilegalidade *per se*. Por exemplo, em International Salt Co. v. United States,[75] a Corte

---

[71] 226 U.S. 20 (1912).
[72] 243 U.S. 502 (1917).
[73] Tom e Newberg, 1977:171.
[74] "A extensão de cada patente é limitada pela invenção descrita no conteúdo das reivindicações contidas em seu registro (...) Essas reivindicações determinam onde os progressos reivindicados pela patente começam e onde terminam, de modo a poderem ser convenientemente comparados com a descrição do documento hábil, o qual estabelece os limites à concessão de cada patente" (tradução livre de: "*The scope of every patent is limited to the invention described in the claims contained in it (...) These so mark where the progress claimed by the patent begins and where it ends that they have been aptly likened to the description in a deed, which sets the bounds to the grant which it contains*"). Motion Pictures Patents, 243 U.S. 510.
[75] 332 U.S. 392 (1947).

decidiu que a licença da patente das máquinas industriais processadoras de sal condicionada à compra, pelo licenciado, de sal e tabletes de sal não patenteados pelo concedente da licença configurava a prática ilegal de venda casada (*tying agreement*). A Corte considerou que a ré excedera os limites do monopólio concedido sobre a patente (no caso, as máquinas processadoras de sal) quando tentou condicionar a licença de bens por ela não patenteados, como o sal.

Outra consequência da abordagem formal e direta das esferas separadas e a regra da ilegalidade *per se* foi a publicação, pelo Departamento de Justiça americano (Divisão Antitruste), do documento denominado *Nine no-no's*, nos anos 1970. Nesse documento, o Departamento de Justiça estabeleceu quais tipos de cláusulas, nos contratos de licença de propriedade intelectual, seriam passíveis de exame minucioso, vez que eram consideradas, por si sós, ilegalidades anticoncorrenciais cometidas pelo cedente e, assim, uma superação dos limites do monopólio concedido. Essas cláusulas se referiam ao condicionamento de produtos não patenteados, retrocessão exclusiva, restrições pós-venda, *tie-outs*, vedação de concessão futura de licenças, licença conjunta, pagamento compulsório de *royalties* em quantia desarrazoada relacionados à venda do produto patenteado, restrições de vendas, fixação de preço.

O modelo das esferas separadas foi frontalmente atacado, em meados dos anos 1970, por uma série de acadêmicos da Universidade de Chicago (a Escola de Chicago).[76] Tais críticas foram fundamentais na promoção da mudança de perspectiva na jurisprudência e na visão do Departamento de Justiça estadunidense em direção a uma abordagem menos rígida da questão em pauta, propugnando mais pela superposição dos modelos do que pelo confronto. A ideia central dessa teoria é a defesa de que não há contradição entre propriedade intelectual e regulação antitruste. Na verdade, ao se admitir uma análise econômica, ambos os corpos legais atentam para a maximização da riqueza, correspondendo ao aumento da eficiência o aumento do bem-estar dos consumidores (custos e preços mais baixos).[77] A análise econômica deveria ser feita com base no teste da *regra da razão*.

O teste da regra da razão foi concebido anteriormente à Escola de Chicago, a qual simplesmente o adaptou à sua determinação da eficiência. As cortes

---

[76] Ver Tom e Newberg, 1997:167; Sobel, 1985:681; Kobak Jr., 1996:341; Rule, 1991:729; Rosen, 1994:669.
[77] Bowman, 1973.

criaram a regra da razão a fim de estreitar o amplo conteúdo dos termos do art. 1º, do Sherman Act, tendo como corolário a noção de que nem todos os contratos que restringem a concorrência, mas tão somente aquelas práticas que desvirtuam o mercado, poderiam sofrer as penalidades da lei antitruste.[78] Contudo, a Escola de Chicago foi mais longe. Seus membros defendiam que a regra da razão implicava um teste de eficiência, pelo qual a operação é analisada em termos de custos e preços.[79] Sua teoria é estribada em uma avaliação econômica dos fatos de cada caso, atentando para eficiência e desvirtuamento da concorrência no mercado. A autoridade pública considera todos os fatos relevantes, a natureza da restrição e as condições de concorrência, a título de decidir se a prática é ou não anticoncorrencial.

---

[78] Nos Estados Unidos, é peculiar o tratamento dado a essa questão. Contratos restritivos são proibidos pelo art. 1º do Sherman Act, o qual assevera que: "Todo contrato, combinação sob a forma de truste ou qualquer outra forma ou conspiração em restrição do intercâmbio ou comércio entre os estados, ou com nações estrangeiras, é declarado ilícito pela presente lei" (tradução livre de: "*Every contract, combination in the form of trust or otherwise, or conspiracy in restraint of trade or commerce among the several States or with foreign nations, is hereby declared to be illegal*"). Literalmente, não há abertura, no referido ato, para as autoridades competentes amenizarem tais disposições no que se refere às penalidades listadas, em razão das consequências econômicas que acarretam, como há no art. 85(3), do Tratado de Roma ou, ainda, no §1º, art. 54, da lei brasileira. Em função disso, aparentemente todos os contratos que, de alguma forma, violam as regras concorrenciais devem sofrer as consequências legais. Uma interpretação assim revela-se muito ampla e inoperante, visto que todos os acordos comerciais acarretam alguma limitação às partes. Ainda assim, essa larga noção subsidiou a primeira interpretação da Suprema Corte dada ao caso Trans-Missouri (1897). Contudo, no caso Standard Oil (1911), a Corte não aplicou o precedente e considerou, dali em diante, todos os contratos submetidos ao exame da regra da razão, conhecida no sistema da *common law*, a fim de avaliar se as suas disposições violavam as regras de concorrência. Assim, sob a regra da razão, como primeiramente exposto, "os termos do Sherman Act foram interpretados judicialmente no sentido de, tão somente, abarcar as restrições previstas que, desarrazoadamente, restringissem os negócios" (tradução livre de: "*the words of Sherman Act were judicially interpreted to cover only those restraints which unreasonably restrain trade*"). O conteúdo da regra da razão mudou com o tempo e, agora, o seu sentido é o oposto da ilegalidade *per se*, visando, sobretudo, a eficiência econômica dos contratos (Escola de Chicago). A noção da ilegalidade *per se* foi desenvolvida para resolver os problemas dos custos com litigância, baseada no exame da regra da razão, pelo qual as partes eram obrigadas a despender muito tempo e dinheiro analisando o contexto econômico do pacto, tipicamente considerado anticoncorrencial, de acordo com o costume da corte. Ver Frazer (1992:175-178).

[79] Nos Estados Unidos há um velho debate sobre os objetivos da Lei Antitruste. De um lado, há aqueles (chamados de populistas) que defendem que o objetivo da lei da concorrência é alcançar e proteger uma série de valores políticos e sociais, tais como, evitar a "grandeza" e a concentração de poder econômico nas mãos de poucos (Frazer, 1992:1). Esta visão é associada à promulgação do Sherman Act, aprovado para, de alguma forma, destruir cartéis (acordos entre empresas para controlar preços, *inter alia*) e, desse modo, evitar a concentração econômica. De outro lado, estão os defensores da doutrina da Escola de Chicago, que acreditam ser o objetivo da lei da concorrência a maximização do bem-estar do consumidor através do aumento da eficiência pelos fornecedores. Eles julgam serem as discussões no parlamento, sobre o Sherman Act, a fonte dessa teoria.

De maneira geral, a doutrina da Escola de Chicago é aceita nas decisões de casos nos Estados Unidos, tal como no caso Business Elecs. Corp. v. Sharp Elecs. Corp.[80] Com a mesma orientação teórica, o Departamento de Justiça emitiu nova diretriz (1995)[81] sobre o controle antitruste acerca dos contratos de licenciamento, aceitando a integração, pelo aumento da eficiência, da atividade econômica. Como corolário, os americanos acolheram o entendimento de que o exercício dos direitos de propriedade intelectual deve ser limitado pelo direito em geral, seja pelo direito contratual, seja pelo concorrencial. Vale a pena notar que as mudanças na interpretação do direito de concorrência americano, no tocante aos contratos de transferência de tecnologia, não foram, de forma alguma, o resultado de uma solução conciliatória entre a lei antitruste e os direitos de propriedade intelectual. Ao reverso, foram o resultado da própria interpretação do Sherman Act e da regra da razão, os quais foram aplicados aos contratos de transferência de tecnologia da mesma forma que seriam aplicados a qualquer outro contrato que versasse sobre propriedade intelectual.

A conclusão final alcançada pelas novas diretrizes, de 1995, e pelos tribunais, mais tarde, vale dizer, a de que os contratos de tecnologia seriam submetidos às regras antitruste, pode ser atingida pelo sistema jurídico brasileiro, porém com uma justificativa diversa. Os argumentos que seguem são estribados na ideia de que o referido debate econômico ocorrido nos Estados Unidos pode e deve ser utilizado no Brasil, mas dentro dos pressupostos do sistema e da cultura legal brasileira. Com efeito, ao contrário dos Estados Unidos (onde o realismo fez escola),[82] o sistema jurídico do Brasil conta com um substantivo corpo jurídico-dogmático, para mencionar apenas ao ramo do direito contratual. O Brasil tem, ainda, um retrospecto de limitar a liberdade contratual pelo critério da *ordem pública* em âmbito muito maior do que nos Estados Unidos, sem falar do princípio da "função social do contrato" (prevista no art. 421 do Código Civil).

Dessa forma, há duas outras questões em jogo que não podem ser negligenciadas: a primeira é a justificação do controle antitruste sobre transferência de tecnologia; a segunda, que pressupõe a aceitação da primeira, é como aplicar as regras de concorrência no caso concreto. Argumentar-se-á no sentido de que a análise econômica pode ser valiosa somente no segundo ponto, no qual as

---

[80] 485 U.S. 717 (1988).
[81] *Antitrust guidelines for the licensing of intellectual property*, emitido pelo Departamento de Justiça dos EUA e pela Comissão Federal de Comércio em 1995.
[82] Cf. Holmes, 1991; Pound, 1908.

normas antitruste serão aplicadas aos contratos de transferência de tecnologia da mesma forma que em qualquer outro contrato vertical ou horizontal que desvirtue ou possa vir a desvirtuar a concorrência.

Alcançando o mesmo resultado por meios diversos: a **ordem pública**, a **função social** e a **legislação imperativa**

No Brasil, cabe ressaltar, primeiramente, que o controle antitruste é expressamente determinado pela lei e mesmo pela Constituição Federal (art. 173, §4º), sendo a livre-iniciativa o princípio mais importante da ordem econômica constitucional. No entanto, uma justificativa se faz necessária.[83] É possível listar três argumentos em defesa do entendimento de que a interseção entre livre concorrência e transferência de tecnologia deve estar direcionada à noção de *ordem pública*. O primeiro se constitui da própria lei, *i.e.*, os arts. 104, 166 e 421 do Código Civil brasileiro. O segundo, de uma norma administrativa (a qual é hierarquicamente inferior à lei, no sistema jurídico brasileiro) emitida pelo Inpi. O terceiro advém do direito comparado dos Estados Unidos, já tratado anteriormente. Serão examinados adiante os dois primeiros argumentos.

Os norte-americanos têm muita dificuldade em reconhecer o controle de termos contratuais, dado o grau de "santidade" da autonomia da vontade no seu sistema jurídico.[84] Essa mesma dificuldade não há no Brasil (para o bem e, sobretudo, para o mal). De acordo com o primeiro e mais importante argumento, a condição para aplicar regras antitruste aos contratos internacionais de transferência de tecnologia, no Brasil, é dada pelos princípios do direito contratual expressamente dispostos nos arts. 104 e 166 do Código Civil brasileiro, o qual nulifica qualquer cláusula que venha a ferir a noção de ordem pública e violar lei imperativa (como é o caso da Lei nº 8.884).[85] Isso sem falar do art. 421, que trata da função social do contrato, a qual, em um sistema de livre-iniciativa como o brasileiro, está associada à proteção do mercado — fundamentalmente de suas estruturas concorrenciais (vide parágrafo único do art. 1º. da Lei nº 8.884).

---

[83] Art. 21 da Lei nº 8.884/94: "As seguintes condutas, além de outras, na medida em que configurem hipótese prevista no art. 20 e seus incisos, caracterizam infração da ordem econômica (...) XVI — açambarcar ou impedir a exploração de direitos de propriedade industrial ou intelectual ou de tecnologia."
[84] Farnsworth, 2004:5.
[85] O art. 166 do CCB assevera que a disposição do contrato que ferir a ordem pública ou lei imperativa deve ser considerada nula.

No caso americano, por influência do realismo, o debate tende a ser mais amplo e isso abre espaço para a aplicação de princípios de análise econômica — que, como sabido, é o método hoje prevalente nas escolas de direito daquele país, mas que no Brasil ainda se está iniciando.[86] Daí que o caminho no Brasil ainda passa pela dogmática jurídica. Por razões históricas, o direito brasileiro tende a ser mais sistemático e doutrinário, conforme exposto no início deste estudo. Em vista disso, no Brasil, os contratos de transferência de tecnologia estão submetidos às regras do direito de concorrência, não apenas em razão das ponderações econômicas expostas pelos americanos, mas, sobretudo, devido aos princípios e regras do direito contratual brasileiro. Naturalmente, uma vez concluindo-se pela incidência da lei da concorrência pelo fato de os contratantes lançarem mão do disposto nos arts. 104 e 166 do Código Civil, então a análise econômica se constituirá em uma ferramenta fundamental para a aplicação da lei antitruste ao caso concreto, ou seja, na política pública de concorrência a ser desenhada pelo órgão no que tange à regulação da inovação e de seu acesso nas operações internacionais.

No ordenamento jurídico brasileiro, o conceito de *ordem pública* tem sido definido pelos doutrinadores com o objetivo de concretizar o amplo conteúdo da redação do art. 166 do Código Civil, incorporando, hoje, dois aspectos: o aspecto socioeconômico, ou seja, as leis relacionadas ao desempenho do bem-estar econômico e social, tais como direito da concorrência, direito do consumidor, direito previdenciário e direito das sucessões; e o aspecto moral, que inclui a organização fundamental da família e do Estado, como o direito constitucional, o direito administrativo, o direito de família.[87] Essa é a razão pela qual as regras antitruste operam, como *ordem pública* econômica, com o escopo de limitar a vasta liberdade das partes envolvidas nos contratos internacionais de transferência de tecnologia — em nome da própria proteção do mercado *bien entendu* (e não no sentido de se fazer justiça distributiva ou política social de proteção da parte mais fraca).[88]

No Brasil, o propósito do direito concorrencial é o de evitar o abuso do poder econômico, possibilitando, dessa forma, que a estrutura do mercado seja protegida e a livre concorrência prevaleça, conjuntamente com o bem-estar

---

[86] Timm, 2008.
[87] Conforme Forgioni (1998:170), normas antitruste são mais do que partes da ordem econômica constitucional; são meios para implementar a política econômica pública. Timm (2006a); Ghestin (1993).
[88] Timm, 2006b; Timm e Machado, 2006.

do consumidor.[89] Ou seja, os contratantes que entabularem qualquer tipo de contrato devem respeitar a ordem pública. Naturalmente, o esforço para evitar o abuso do poder econômico deve estar em equilíbrio com outros princípios aceitos pelo sistema jurídico, entre esses o desenvolvimento da economia e a riqueza do país.[90]

O segundo argumento consiste na regra administrativa editada pelo Inpi, no item 2 do Ato Normativo nº 120/93, ao considerar nulas as cláusulas contratuais que ofenderem a soberania, a *ordem pública*. Essa disposição regulamentar simplesmente confirma a interpretação dada ao art. 166 do Código Civil mencionado.

Ainda com base na tradição e na história, cabe precisar que as restrições da lei antitruste não seriam as primeiras a recair sobre a liberdade de contratar, no que concerne à transferência de tecnologia no Brasil. Na verdade, as políticas industrial e tecnológica do governo, durante a década de 1970 — inspiradas em intervencionismo, incentivos financeiros e protecionismo de mercado, sob a influência do modelo de substituição de importação e da Noei —, representadas no Ato Normativo nº 15, do Inpi, foram as primeiras fortes políticas públicas a limitar a liberdade das partes contratantes no tocante à tecnologia.

Antes da explicação acerca do sistema antitruste no que respeita à transferência de tecnologia (o que será feito a seguir), deve-se observar[91] que a justificativa para a aplicação da lei antitruste aos abusos de posição dominante, adquirida através do direito de propriedade intelectual, revela-se diferente de qualquer tipo de contrato nocivo às regras do direito concorrencial (baseada na noção de *ordem pública*, conforme já mencionado). De fato, o exame das posições dominantes pode ser submetido ao direito da concorrência tendo por base a teoria geral do abuso de direitos[92] (art. 187 do Código Civil) e, também, o

---

[89] Timm, 2007.
[90] Ideia de Dworkin, 1987.
[91] Embora esse tópico não seja objeto deste trabalho.
[92] A expressão "abuso de direitos" foi criada pelo jurista francês Laurent para denominar uma série de decisões proferidas pelos tribunais franceses, as quais, embora reconhecessem o direito do réu, condenavam-no em razão de ter exercido indevidamente o direito. Assim, em 1853, a Corte condenou um proprietário que tinha feito uma chaminé falsa objetivando bloquear a luz do sol à janela de seu vizinho, com o qual estava contendendo. Um ano depois, o mesmo ocorreu com um proprietário de terras que estava transportando água de poço para o rio, com a intenção de diminuir o nível de água de seu vizinho.

direito constitucional.[93] Isso porque no sistema brasileiro de propriedade,[94] independentemente do seu conteúdo, os proprietários não podem abusar do direito subjetivo a eles conferido, desrespeitando a sua função social[95] (Código Civil, art. 1.228), tendo em vista que os direitos reconhecidos aos indivíduos devem cumprir funções sociais, ou, pelo menos, visar a um fim econômico e social.

De maneira geral, o princípio do abuso do direito significa uma limitação no exercício de direitos, determinada de acordo com a consciência do intérprete. Configura-se o abuso quando "um direito específico — subjetivamente válido — é exercido de forma a ofender a ideia de justiça em uma determinada sociedade".[96] Esse princípio tem por base a ideia de que os direitos são concebidos em moldes genéricos, tal como o direito à propriedade, embora haja uma ação própria para defender esse direito subjetivo.

Com efeito, o direito processual foi separado do direito material e os códigos processuais foram criados para aplicar os códigos civil e comercial nos tribunais. A pressuposição subjacente a essa separação formal era a de que havia discrepância entre ser titular de um direito e exercê-lo. Ao reverso, nos sistemas de *common law*, os direitos sempre foram identificados com uma ação própria

---

[93] Art. 5º da Constituição de 1988: "Todos são iguais perante a lei, sem distinção de qualquer natureza, garantindo-se aos brasileiros e aos estrangeiros residentes no País a inviolabilidade do direito à vida, à liberdade, à igualdade, à segurança e à propriedade, nos termos seguintes:
(...)
XII — (...) é garantido o direito de propriedade;
XIII — a propriedade atenderá a sua função social (...);
XXVIII — (...) são assegurados nos termos da lei (...) b) o direito de fiscalização do aproveitamento econômico das obras que criarem ou de que participarem aos criadores, aos intérpretes e às respectivas representações sindicais e associativas (...);
XXIX — (...) a lei assegurará aos autores de inventos industriais privilégio temporário para sua utilização, bem como proteção às criações industriais, à propriedade das marcas, aos nomes de empresas e a outros signos distintivos, tendo em vista o interesse social e o desenvolvimento tecnológico e econômico do País".
[94] Art. 5º da Constituição de 1988, cit.
[95] Para a função social dos direitos de propriedade intelectual, ver art. 5º da Constituição brasileira, inciso XXIX, já citado, e o Novo Código de Propriedade Industrial, em seu art. 2º: "A proteção dos direitos relativos à propriedade industrial, considerado o seu interesse social e o desenvolvimento tecnológico e econômico do País, efetua-se mediante:
I — concessão de patentes de invenção e de modelo de utilidade;
II — concessão de registro de desenho industrial;
III — concessão de registro de marca;
IV — repressão às falsas indicações geográficas (...)".
[96] Almeida Costa, 1991:62.

para protegê-los.[97] No sistema da *civil law*, os tribunais logo perceberam a necessidade de limitar o exercício dos direitos subjetivos, um problema que pode soar estranho aos versados em *common law*.[98]

Os direitos de propriedade intelectual foram, simplesmente, adicionados a esse sistema, como espécies do gênero direito de propriedade. Assim, como qualquer outro direito desse gênero, o titular de um direito intelectual pode transferir o uso deste para um terceiro por meio de um contrato, bem como explorar, ele mesmo, a sua invenção (da mesma forma que o proprietário de um *flat* pode usá-lo ou locá-lo). O proprietário de tal direito poderia estar protegido pelo seu direito subjetivo de propriedade e, também, por sua liberdade de contratar. No entanto, a lei estabeleceu fronteiras para o exercício desse direito. De fato, o titular do direito de propriedade intelectual poderia ser restringido no exercício deste com base no princípio do abuso de direito, bem como no interesse público.

Dito isso, a proposta de como o novo modelo de regras antitruste deve operar na prática vem a seguir. Entretanto, para que se compreenda a submissão dos contratos de transferência de tecnologia ao direito de concorrência, faz-se mister esclarecer o disposto na nova Lei Antitruste brasileira, aprovada em 1994.

O novo modelo antitruste brasileiro em relação à transferência de tecnologia

Aspectos gerais do direito de concorrência no Brasil: uma raiz binária

Apenas pelo fato de o sistema jurídico brasileiro ter adotado o modelo de regulação de transferência de tecnologia dos países desenvolvidos, não significa que a legislação antitruste brasileira deve ter os mesmos objetivos perseguidos por tais nações. Com efeito, o direito antitruste brasileiro tem a sua própria história, tendo sido desenvolvido para dirimir problemas originados da realidade política e econômica do Brasil e, com esse desiderato, diferentes modelos legislativos foram transplantados, de acordo com cada necessidade, e adaptados

---
[97] David, 1995.
[98] Para uma descrição dos casos, ver a n. 64.

ao contexto jurídico nacional. Tendo em vista que o objeto da regulação, qual seja, o mercado, apresenta características distintas, torna-se natural que os propósitos da legislação nacional respeitem tal diversidade.[99]

Nesse sentido, o mercado brasileiro não é, evidentemente, idêntico ao mercado americano ou ao mercado europeu.[100] A sua história econômica mostra-se completamente diferente. Com forte herança colonial e, mais recentemente, protecionista da indústria nacional, o mercado brasileiro ainda é formado, basicamente, por subsidiárias, filiais ou representantes das companhias multinacionais (muito embora existam já multinacionais brasileiras como a Petrobras, a Companhia Vale do Rio Doce). Dessa forma, o papel do direito concorrencial é, acima de tudo, conter o abuso de poder econômico por parte dos grandes grupos econômicos, os quais, pelo seu poder de mercado, podem não ficar sujeitos a sua lógica de oferta e procura, podendo garantir lucros exorbitantes e provocando distorções com especial impacto em um mercado nacional relativamente fraco.[101] A possibilidade de distorções é ainda maior no tocante a marcas, patentes e contratos de transferência de tecnologia, o que pode servir de disfarce ou de escudo para práticas anticompetitivas. Naturalmente, os objetivos historicamente encontrados nos regimes de concorrência dos países europeus e dos Estados Unidos estão, da mesma forma, presentes na legislação antitruste, quais sejam, regular a estrutura do mercado e evitar a concorrência desleal.

Na verdade, guardando similitude com outros regimes de concorrência, o sistema antitruste brasileiro tem por escopo, ainda, a proteção da livre concorrência e da estrutura de mercado (consumidores e eficiência). Por outro lado, a realidade discrepante do mercado nacional explica o histórico compromisso do regime brasileiro de atentar para práticas comerciais desleais e proteção ao consumidor (*e.g.*, controle de preços), ações essas que não são normalmente

---

[99] Para exemplificar, basta que se pegue o caso Kolynos-Colgate julgado pelo Cade. (Para detalhes do caso, ver o site do Cade: <www.cade.gov.br>.) No relatório, fica evidente a diferença estrutural dos mercados brasileiro e norte-americano de creme dental, fio dental etc. Os mercados brasileiros em questão eram muito mais concentrados. Por isso, o desfecho no Cade foi diverso do da agência antitruste estadunidense.

[100] Para aprofundar a discussão sobre o contexto político e econômico no Brasil, ver Forgioni (1998:10).

[101] Uma rápida verificação dos procedimentos administrativos conduzidos pelo Cade sugere que um grande número de companhias multinacionais está sendo investigado por violações de ordem econômica (ver: <www.cade.gov.br>).

encontradas por empresas que atuam em mercados competitivos.[102] De fato, a Constituição brasileira[103] e as leis antitruste comprometem-se com a leal e livre concorrência[104] e, ao mesmo tempo, com a proteção ao consumidor.[105] De fato, o poder econômico pode interferir na escolha do consumidor, criar barreiras à livre concorrência, ensejar a prática de preços abusivos etc.

---

[102] A concorrência desleal é também reprimida no novo Código de Propriedade Industrial, em seu art. 195, que assevera:
"Art. 195. Comete crime de concorrência desleal quem:
I — publica, por qualquer meio, falsa afirmação, em detrimento de concorrente, com o fim de obter vantagem;
II — presta ou divulga, acerca de concorrente, falsa informação, com o fim de obter vantagem;
III — emprega meio fraudulento, para desviar, em proveito próprio ou alheio, clientela de outrem;
IV — usa expressão ou sinal de propaganda alheios, ou os imita, de modo a criar confusão entre os produtos ou estabelecimentos;
V — usa, indevidamente, nome comercial, título de estabelecimento ou insígnia alheios ou vende, expõe, ou oferece à venda ou tem em estoque produto com essas referências;
VI — substitui, pelo seu próprio nome ou razão social, em produto de outrem, o nome ou razão social deste, sem o seu consentimento;
VII — atribui-se, como meio de propaganda, recompensa ou distinção que não obteve;
VIII — vende ou expõe ou oferece à venda, em recipiente ou invólucro de outrem, produto adulterado ou falsificado, ou dele se utiliza para negociar com produto da mesma espécie, embora não adulterado ou falsificado, se o fato não constitui crime mais grave;
IX — dá ou promete dinheiro ou outra utilidade a empregado de concorrente, para que o empregado, faltando ao dever de emprego, lhe proporcione vantagem;
X — recebe dinheiro ou outra utilidade, ou aceita promessa de paga ou recompensa, para, faltando ao dever de empregado, proporcionar vantagem a concorrente do empregador;
XI — divulga, explora ou utiliza-se, sem autorização, de conhecimentos, informações ou dados confidenciais, utilizáveis na indústria, comércio ou prestação de serviços, excluídos aqueles que sejam de conhecimento público ou que sejam evidentes para um técnico no assunto, a que teve acesso mediante relação contratual ou empregatícia, mesmo após o término do contrato;
XII — divulga, explora ou utiliza-se, sem autorização, de conhecimentos ou informações a que se refere o inciso anterior, obtidos por meios ilícitos ou a que teve acesso mediante fraude; ou
XIII — vende, expõe ou oferece à venda produto, declarando ser objeto de patente depositada, ou concedida, ou de desenho industrial registrado, que não o seja, ou menciona-o, em anúncio ou papel comercial, como depositado ou patenteado, ou registrado, sem o ser;
XIV — divulga, explora ou utiliza-se, sem autorização, de resultados de testes ou outros dados não divulgados, cuja elaboração envolva esforço considerável e que tenham sido apresentados a entidades governamentais como condição para aprovar a comercialização de produtos.
Pena — detenção, de 3 (três) meses a 1 (um) ano, ou multa."
A diferença das disposições antitruste para essas, do Código de Propriedade Industrial, parece ser que, nas primeiras, o dano (ou a sua possibilidade) ao mercado deve ser demonstrado, ao passo que, nas últimas, a prática por si só é considerada ilegal.
[103] Art. 170, da Constituição Federal, incisos IV e V (Princípios da ordem econômica: livre concorrência e defesa do consumidor), repetidos no art.1º, da Lei nº 8.884/94.
[104] Livre concorrência no sentido de igualdade de condições aos competidores, *i.e.*, liberdade de iniciativa e permanência no mercado. Ver Salomão Filho (1997:32).
[105] Defesa do consumidor não apenas por meio da eficiência, mas também garantindo a distribuição dos benefícios entre consumidores e produtores. Ver Salomão Filho (1997:33).

A discrepante realidade do mercado nacional, que direcionou as atenções para q estrutura do mercado e para a lealdade nas práticas comerciais, induziu, segundo parte da doutrina, o legislador a transplantar leis de diferentes sistemas jurídicos em diversos momentos históricos.[106] Em consequência disso, a preocupação com a estrutura do mercado é influência do Sherman Act (e da União Europeia),[107] enquanto a ideia de lealdade, segundo esta mesma doutrina, foi transplantada do primeiro estatuto da concorrência alemão — o UGW —, o qual, basicamente, defendia a ética no mercado.[108] Mas o impacto da proteção da ética no comércio não tem impacto coletivo nas estruturas de mercado e normalmente a sua violação dá ensejo a uma ação privada da parte prejudicada. No direito antitruste, os efeitos estruturais são maiores, podendo ensejar inclusive ações coletivas.

O histórico da regulação da concorrência (infelizmente) não teve início nas aludidas leis antitruste. Ao reverso, tal regulação já havia, de certa forma, na Constituição brasileira de 1937[109] e, ulteriormente, no Decreto nº 869, de novembro de 1938 (o qual regulava a disposição constitucional que previa os crimes contra a economia popular),[110] cuja elaboração transcorreu dissociada do modelo americano de concorrência e em consonância com a tradição germânica.[111] Assim, a legislação federal antitruste e as provisões constitucionais sobre economia popular representaram o contexto jurídico do período de formação do direito concorrencial brasileiro, sendo hoje os dispositivos sobre economia popular menos importantes na prática institucional brasileira de proteção do mercado (foi-se o tempo da heterodoxia dos "fiscais do Sarney" e do controle dos estoques e das prateleiras em situações de "congelamento" de preços).

---

[106] Conforme Salomão Filho (1997:59).
[107] Segundo Salomão Filho (1997:53), por trás do Sherman Act, há uma clara preocupação em defender a concorrência como forma de defesa dos consumidores, o que pode ser encontrado nos discursos do senador Sherman, ao tempo da aprovação do projeto de lei. Para uma discussão aprofundada, ver Frazer (1992).
[108] Ver, por exemplo, art. 1º do UGW, que considera ilegais todos os atos que violem as boas práticas comerciais. Conforme Salomão Filho (1997:59).
[109] Art. 141, da Constituição de 1937: "A lei fomentará a economia popular, assegurando-lhe garantias especiais. Os crimes contra a economia popular são equiparados aos crimes contra o Estado, devendo a lei cominar-lhes penas graves e prescrever-lhes processos e julgamentos adequados à sua pronta e segura punição".
[110] De fato, essa lei é considerada a primeira lei antitruste no país, como evidenciam as palavras do ministro da Justiça quando da aprovação dessa legislação no Congresso: "O segundo propósito da legislação é evitar o bloqueio da concorrência por meio de acordos ou agrupamentos de empresas que visem à criação de monopólios ou restrinjam a livre concorrência" (Shieber, 1966:4).
[111] Salomão Filho, 1997:65.

É verdade que a defesa da lealdade na competição foi, ainda, confirmada pela primeira lei antitruste formal, a Lei nº 4.137, de outubro de 1962, em seu art. 2º, inciso V, que fora altamente influenciada, sobretudo, pelo Sherman Act. Essa lei, como se poderia supor, incluiu nas infrações à ordem econômica não apenas a prática da concorrência desleal, mas, também, práticas tendentes à concentração de poder econômico, *i.e.*, atos tendentes à dominação de mercados (inciso I), o abuso de posição dominante (incisos II, III e IV).

A referida lei foi aprovada para regulamentar a ampla disposição contida na Constituição de 1946, reprimindo toda e qualquer forma de abuso de poder econômico.[112] Portanto, levou mais de 15 anos para o parlamento aprovar a lei que criou a agência de aplicação das regras antitruste, o Conselho Administrativo de Defesa Econômica (Cade), e a definição de abuso de poder econômico.[113] Ainda em 1946 foi aprovado o Decreto-Lei nº 7.903, com o objetivo de regulamentar o crime de concorrência desleal. Assim, ambos os aspectos do direito concorrencial brasileiro encontram-se expressamente previstos na legislação federal, sendo certamente o direito antitruste muito mais moderno e efetivo na proteção do mercado. Esse é o contexto jurídico da nova Constituição, de 1988, e da nova Lei da Concorrência, de 1994.

A Constituição Federal de 1988, no §4º de seu art. 173, visa reprimir o abuso de poder econômico tendente à dominação dos mercados, à eliminação da concorrência e ao aumento arbitrário de preços. A nova legislação, a Lei nº 8.884/94, referendou essa disposição constitucional, porquanto em seu art. 20 repete o exposto no aludido §4º do art. 173, da Constituição Federal, asseverando constituir-se "infração à ordem econômica" o abuso de poder econômico, que, ao ser praticado pelos agentes econômicos, prejudica a livre concorrência e a estrutura do livre mercado.

O ineditismo reside no fato de que nenhuma referência é feita à concorrência desleal como forma de infração à ordem econômica.[114] Nesse sentido, diferentemente da lei antitruste anterior (1962), a nova lei não dispõe, em seu

---

[112] Art. 148, da Constituição brasileira, de 1946: "A lei reprimirá toda e qualquer forma de abuso de poder econômico, inclusive as uniões ou agrupamentos de empresas individuais ou sociais, seja qual for a sua natureza,, que tenham por fim dominar os mercados nacionais, eliminar a concorrência e aumentar arbitrariamente os lucros".
[113] Coelho, 1995.
[114] O debate acerca da resposta a essa questão ainda está aberto. Salomão Filho (1997:60) crê na negligência dos legisladores.

art. 20, acerca da prática da concorrência desleal como uma infração da ordem econômica e, em consequência, um abuso de poder econômico. Isso faz com que algumas práticas anticompetitivas listadas no art. 21 da nova lei pareçam estar desalinhadas, vez que algumas delas foram literalmente copiadas da Lei nº 4.137/62, a antiga lei antitruste, na qual tais condutas eram identificadas como práticas de concorrência desleal. Além disso, a dupla ascendência da lei nacional pode explicar, de alguma forma, a perplexidade experimentada pelos advogados estrangeiros que tentam interpretar o regime antitruste brasileiro com base, tão somente, nas leis de concorrência ou nas constituições, sem ter em mente que as influências dessa legislação não são apenas do direito americano, mas também remontam historicamente ao sistema germânico.[115] Dada a sua maior relevância e novidade, foquemos a legislação antitruste.

Estritamente falando, a Lei nº 8.884/94 segue o padrão das leis antitruste dos Estados Unidos e da Europa, as quais, normalmente, dividem as regras de concorrência de acordo com o objetivo em jogo: proibição de condutas anticoncorrenciais ou de estruturas potencialmente perigosas ao mercado. O Cade exerce dois tipos de controle, portanto. Um controle preventivo (*ex ante*), quando se exige a submissão de um ato de concentração na forma do art. 54 da Lei nº 8.884, e, outro, repressivo (*ex post*), por meio de investigação e aplicação de pena em processo administrativo em conformidade com o art. 20 da mesma lei. Portanto, existem dois ilícitos: a) condutas anticompetitivas que violem o mercado (acordos verticais[116] ou horizontais[117] e abuso de posição dominante)[118]; b) problemas de concentração estrutural do mercado derivados da não submissão de um ato de concentração ao Cade.

Quanto às condutas, a primeira parte da lei é dedicada ao abuso de poder econômico (Sherman Act, seção II),[119] ou agentes econômicos em posição

---

[115] Stevens (1995:945), ao comentar a nova lei de concorrência brasileira, a Lei nº 8.884/94, declara que o art. 21 lista uma série de práticas consideradas ilegais, as quais são de difícil interpretação. Outrossim, de acordo com a autora, a redação não é familiar aos advogados que atuam na área. Ainda haveria, nessa lei, uma série de práticas impróprias listadas. Por exemplo, a previsão do inciso IX do art. 21 — "utilizar meios enganosos para provocar a oscilação de preços de terceiros" — é considerada prática de concorrência desleal pelo direito brasileiro, não sendo encontrada na legislação antitruste de outros países. Ver também Page (1998:1113).
[116] Acordos que integram a cadeia produtiva até eventualmente o consumidor final via distribuição.
[117] Acordos entre agentes econômicos concorrentes do mesmo setor, como os cartéis.
[118] Utilização de poder econômico contra a concorrência, como vendas casadas.
[119] "Toda pessoa que monopolizar, ou tentar monopolizar, combinando ou conspirando com outra pessoa ou outras pessoas, qualquer ramo da indústria ou do comércio entre os diversos estados ou

econômica dominante (Tratado de Roma, art. 86),[120] previsões essas encontradas na lei brasileira nos incisos II e IV do art. 20. A segunda parte trata dos contratos horizontais e verticais que visam prejudicar a livre concorrência — Sherman Act, seção I, e Tratado de Roma, art. 85 (1) —, encontrada na lei brasileira no inciso I do art. 20.

De fato, a nova lei, seguindo as incisivas influências das leis americana e europeia, reprime o abuso de posição dominante no inciso IV do art. 20, que deve ser lido juntamente com o disposto no art. 20, II e §§1º e 3º.[121] A determinação da posição dominante é relativa e depende da definição dos mercados material e geográfico, *i.e.*, do mercado relevante. Uma vez detectado o mercado relevante, deve-se analisar o controle desse mercado, o que significa observar como o comportamento de um agente econômico afeta os demais participantes. A posição dominante é presumida quando a empresa ou grupo de empresas controla 20% de mercado relevante.[122] Dessa forma, a distinção a ser feita ocorre entre o direito e seu exercício: exercer poder econômico, por si só, não é ilegal, sendo, até mesmo, natural. O que se proíbe é o seu exercício abusivo, consoante definido na lei.

No que tange à discussão acerca de mercado relevante e poder econômico, os direitos de propriedade intelectual constituem um tópico delicado. Há grande chance de a exclusividade concedida pelo Inpi para explorar os benefícios

---

com nações estrangeiras, será considerada culpada de ilícito" (tradução livre de: "*Every person who shall monopolize, or attempt to monopolize, or combine or conspire with any other person or persons, to monopolize any part of the trade or commerce among the several states, or with foreign nations, shall be deemed guilty of a felony*").

[120] "É incompatível com o mercado comum e proibido, na medida em que tal seja suscetível de afetar o comércio entre os Estados-membros, o fato de uma ou mais empresas explorarem de forma abusiva uma posição dominante no mercado comum ou numa parte substancial deste."

[121] Art. 20, da Lei nº 8.884/94: "Constituem infração da ordem econômica, independentemente de culpa, os atos sob qualquer forma manifestados, que tenham por objeto ou possam produzir os seguintes efeitos, ainda que não sejam alcançados:
II — dominar mercado relevante de bens ou serviços;
IV — exercer de forma abusiva posição dominante.
§1º A conquista de mercado resultante de processo natural fundado na maior eficiência de agente econômico em relação a seus competidores não caracteriza o ilícito previsto no inciso II.
§2º Ocorre posição dominante quando uma empresa ou grupo de empresas controla parcela substancial de mercado relevante, como fornecedor, intermediário, adquirente ou financiador de um produto, serviço ou tecnologia a ele relativa.
§3º A posição dominante a que se refere o parágrafo anterior é presumida quando a empresa ou grupo de empresas controla 20% (vinte por cento) de mercado relevante, podendo este percentual ser alterado pelo Cade para setores específicos da economia."

[122] Coelho, 1995.

econômicos de uma invenção, ao titular do direito de propriedade intelectual, garantir-lhe uma posição dominante no mercado daquele produto ou serviço. O "monopólio" é permitido a fim de incentivar inovação, progresso, eficiência, mas não para dominar o mercado e limitar a livre concorrência.[123] Ademais, deve-se levar em consideração que, hodiernamente, o mercado de invenções tende a ser imperfeito, pelo fato de que somente as grandes companhias podem arcar com os custos em P&D. Entretanto, esse poder de mercado não pode ser, simplesmente, presumido, mas, sim, comprovado de acordo com os princípios do direito de concorrência.[124]

A análise do mercado relevante exige a observância de oferta e demanda envolvendo produtos similares (elasticidade cruzada).[125] Assim, a constatação de posição dominante depende do controle exercido no mercado relevante, incluindo-se produtos e serviços substituíveis àqueles protegidos pela concessão da propriedade intelectual. Uma vez atingida a posição dominante, proibido resulta o seu abuso. Sob essa ideia reside, novamente, a distinção entre ser titular de um direito e exercê-lo, tendo em mente a sua função econômica e social (conforme já explicado). A determinação e a regulação do poder econômico, garantido pelo direito de propriedade intelectual, são expressamente autorizadas pela Lei nº 8.884/94, em seu art. 21 (rol meramente exemplificativo de infrações da ordem econômica),[126] inciso XVI, o qual deve ser interpretado conjuntamente com o art. 20.

Por outro lado, contratos formais e informais que prejudicarem, ou fizerem-no potencialmente, o mercado relevante, em razão de restrições verticais ou horizontais, são vedados pelo inciso I[127] do art. 20. Cabe ressaltar, ainda,

---

[123] Cornish, 1996:30; Subiotto et al., 1995.
[124] De fato, nas diretrizes lançadas em 1995 pelo Ministério da Justiça dos Estados Unidos (*U.S. Guidelines*), já citadas, menciona-se que os direitos de propriedade intelectual não necessariamente conferem posição dominante. O titular desse direito pode ser apenas um entre vários proprietários de semelhante propriedade intelectual. Da mesma forma, os produtos resultantes de uma específica propriedade intelectual podem representar, tão somente, uma pequena parte dos produtos no mesmo mercado. Referem as diretrizes, ainda, que licenças de tecnologia são, geralmente, pró-concorrência, vez que na maioria dos casos facilitam a combinação do objeto da propriedade intelectual do concedente com fatores complementares de produção. Ver Subiotto et al. (1995).
[125] Fonseca, 1997:85; Bruna, 1997:76.
[126] Art. 21. As seguintes condutas, além de outras, na medida em que configurem hipótese prevista no art. 20 e seus incisos, caracterizam infração da ordem econômica: (...) XVI — açambarcar ou impedir a exploração de direitos de propriedade industrial ou intelectual ou de tecnologia (...).
[127] Art. 20. (...) limitar, falsear ou de qualquer forma prejudicar a livre concorrência ou a livre-iniciativa.

que o art. 20 deve ser lido conjuntamente com o inciso XVI do art. 21. Os contratos de transferência de tecnologia devem estar aí incluídos, como será demonstrado mais adiante.

Por fim, conforme dispõe o art. 54, o Cade autorizará algumas das práticas consideradas anticompetitivas, desde que promovam os benefícios econômicos e sociais previstos nos parágrafos desse artigo. Alguns autores[128] identificam essa situação com o exame da "regra da razão", em função das semelhanças entre a atuação do Cade e o papel das cortes americanas, nesse propósito. Outros[129] preferem não utilizar termos transplantados de sistemas jurídicos alienígenas, vez que, dizem eles, são criados à luz de determinadas situações a serem elucidadas pelos respectivos tribunais, de acordo com o disposto em sua respectiva legislação, tal como a previsão do inciso I, do Sherman Act; situações essas que não são necessariamente as mesmas enfrentadas pelas cortes brasileiras.

Os defensores da não adaptação de termos jurídicos estrangeiros propendem a enquadrar o abuso de poder econômico na categoria geral dos abusos de direito, e não analisá-lo na ótica da regra da razão (como demonstrado no início deste trabalho). Argumentam que, havendo identidade entre a prática anticompetitiva e o disposto no art. 54, da Lei nº 8.884/94, e ocorrendo a promoção de benefícios econômicos, como o aumento da produtividade, não se configuraria o abuso de direito e, em consequência, não haveria infração da ordem econômica. Conforme o exposto no início deste trabalho, a "regra da razão" foi desenvolvida pelas cortes americanas para dar nova interpretação ao Sherman Act, o qual, em que pese toda a sua influência sobre as leis antitruste brasileiras, não é a nossa única fonte. Ademais, o critério do art. 54, como se segue, parece ser mais amplo do que a regra dos americanos.

Na verdade, qualquer que seja o nome dado a esse procedimento, se *regra da razão* ou verificação de abuso de direitos, de acordo com a redação do art. 54, o Cade deve perscrutar por ganhos em produtividade (alínea *a*, do inciso I, do §1º), em eficiência (alínea *c*), ou, ainda, por melhorias na qualidade dos produtos e serviços objetos da transação (alínea *b*). Cabe ao Cade, ainda, avaliar se os atos sob análise não implicam a eliminação da concorrência de parte substancial de mercado relevante. E, por fim, mas não menos importante, o

---

[128] Coelho, 1995.
[129] Por exemplo, Bruna (1997:176).

Cade levará em conta se os atos praticados pelos agentes econômicos, ao atuarem no mercado, não são mais do que os meios necessários para a consecução dos fins visados (inciso IV do §1º). Uma vez entendido o contexto histórico-jurídico da legislação antitruste, pode-se passar à sua aplicação aos contratos de transferência de tecnologia.

Aplicação às licenças de transferência de tecnologia

Para cada uma das relações jurídicas, há um campo legal específico: o dos contratos e o da propriedade. A relação jurídica originada do direito de propriedade intelectual (espécie de direito de propriedade em geral) tem início com a concessão da patente pelo Inpi.[130] Entre os poderes constituídos pelo direito de propriedade intelectual, encontra-se a possibilidade de explorar, economicamente, os benefícios advenientes da invenção. Por perseguir resultados econômicos, o sistema jurídico admite a licença desse poder a terceiros.[131] Se o titular decide transferir o seu direito, exsurge outro tipo de relação jurídica e tem início a relação contratual. Por óbvio, os contratos de transferência de tecnologia são espécie

---

[130] Art. 2º da Lei nº 9.279/96: "A proteção dos direitos relativos à propriedade industrial, considerado o seu interesse social e o desenvolvimento tecnológico e econômico do País, efetua-se mediante:
I — concessão de patentes de invenção e de modelo de utilidade;
II — concessão de registro de desenho industrial;
III — concessão de registro de marca;
IV — repressão às falsas indicações geográficas; e
V — repressão à concorrência desleal."
Art. 38. A patente será concedida depois de deferido o pedido, e comprovado o pagamento da retribuição correspondente, expedindo-se a respectiva carta-patente.
Art. 129. A propriedade da marca adquire-se pelo registro validamente expedido, conforme as disposições desta Lei, sendo assegurado ao titular seu uso exclusivo em todo o território nacional, observado quanto às marcas coletivas e de certificação o disposto nos arts. 147 e 148.
[131] Ver o novo Código de Propriedade Industrial, art. 58: "O pedido de patente ou a patente, ambos de conteúdo indivisível, poderão ser cedidos, total ou parcialmente."
Art. 61. O titular de patente ou o depositante poderá celebrar contrato de licença para exploração.
Art. 62. O contrato de licença deverá ser averbado no Inpi para que produza efeitos em relação a terceiros.
Para outros direitos conferidos pela lei, ver:
Art. 41. A extensão da proteção conferida pela patente será determinada pelo teor das reivindicações, interpretado com base no relatório descritivo e nos desenhos.
Art. 42. A patente confere ao seu titular o direito de impedir terceiro, sem o seu consentimento, de produzir, usar, colocar à venda, vender ou importar com estes propósitos: (...).
Art. 44. Ao titular da patente é assegurado o direito de obter indenização pela exploração indevida de seu objeto, inclusive em relação à exploração ocorrida entre a data da publicação do pedido e a da concessão da patente.

dessa segunda relação jurídica. Dessa forma, as cláusulas problemáticas constantes desses contratos devem ser interpretadas à luz dos princípios do direito contratual, não sendo dado às partes contratantes descurar do disposto no inciso I do art. 20 e, principalmente, do art. 54, ambos da Lei da Concorrência.

As principais cláusulas problemáticas em relação aos seus efeitos anticompetitivos são: cláusulas de licença reversa (*grant back*),[132] proibições de utilização de tecnologia após a expiração do contrato (*post expiry*), cláusulas proibindo o questionamento administrativo ou judicial a respeito da validade do direito de propriedade intelectual (*no challange*),[133] vendas casadas (*tying arrangements*),[134] proibição ou restrição à concorrência (*non-competition clauses*), fixação de preços (*price fixing*),[135] restrições de quantidade (*volume restrictions*), restrições de utilização (*field-of-use restrictions*),[136] licenças-pacote (*package license*),[137] cláusulas de não concorrência, restrições de exportação (*export restrictions*), licença cruzada (*cross licensing*)[138] e acordo de patentes (*pooling patents*).[139]

Em vista disso, os contratos verticais e horizontais de transferência de tecnologia que contenham aquele tipo de cláusulas problemáticas, presentes os pressupostos legais de *market share*, devem ser comunicados *ex ante* ao Cade, a fim de sofrerem o controle antitruste previsto no art. 54.[140] Esses acordos ficam de toda forma sujeitos ao controle *ex post* do Cade, como condutas eventualmente ilícitas.

Conforme exposto na introdução deste estudo, a licença vertical constitui-se em uma forma de licença de tecnologia por meio da qual um agente econômico "detentor de tecnologia concede a licença a outros agentes econômicos,

---

[132] Cláusula de *grant back* é a cláusula por meio da qual um dos contratantes (geralmente o licenciado) deve conceder os direitos em relação a qualquer melhoria introduzida na tecnologia negociada.
[133] Cláusulas que vedam o questionamento, quando o licenciado se compromete a não questionar a validade dos direitos de propriedade intelectual objeto do contrato.
[134] Cláusula de condicionamento é o acordo pelo qual o licenciado é obrigado a comprar, do cedente, bens ou serviços vinculados ao objeto principal do contrato.
[135] Fixação de preço ocorre quando o cedente impõe ao licenciado o preço pelo qual o produto deve ser vendido no mercado.
[136] Restrição de finalidade significa uma limitação de propósitos pelos quais o licenciado pode explorar a tecnologia licenciada.
[137] Licença conjunta ocorre quando o cedente confere, na mesma transação, ao licenciado o direito de explorar dois ou mais direitos de propriedade intelectual separados.
[138] Licença cruzada é uma forma específica de contrato, no qual dois ou mais agentes econômicos licenciam, um para o outro, o uso de suas respectivas tecnologias. Cf. Clarke, 1998/1999.
[139] Acordo de patentes é uma forma horizontal de acordo em que dois ou mais agentes econômicos pactuam dividir sua tecnologia proprietária.
[140] Mesma opinião, por exemplo, de Franceschini e Franceschini (1995:616).

a fim de utilizarem a tecnologia e comercializarem o produto resultante",[141] tal como toda a série de contratos listados no item 2, da Resolução nº 22, de 27-2-1991, do Inpi, ou seja, licenças de patentes e *know-how*, prestação de serviços de assistência técnica e franquia. Por outro lado, define-se a licença horizontal como um "contrato entre concorrentes, normalmente com o objetivo de promover assistência mútua no desenvolvimento de produtos", por exemplo, o estabelecimento de uma *joint-venture* (acordos de produção, programas de pesquisa e desenvolvimento).[142]

A espécie mais perigosa de contratos de tecnologia, no que tange à Lei Antitruste, são as transferências horizontais, vez que a negociação envolve partes que, não fosse o contrato, estariam competindo no mercado relevante. Tais transferências requerem cuidados especiais, porquanto afetam preços, quantidades e qualidades dos bens e serviços objetos da negociação, sem, contudo, promover desenvolvimento econômico. Ainda, as transferências horizontais prejudicam a livre concorrência pelo desenvolvimento de novos produtos e serviços, ao afetarem os projetos de pesquisa e desenvolvimento das empresas envolvidas. Por fim, a simples aquisição do direito de propriedade intelectual diminui a concorrência nos casos em que o licenciado domina o mercado e, com o intuito de reprimir a concorrência do novo produto ou serviço, acaba por adquirir a sua tecnologia.[143]

Como comentado anteriormente, de acordo com o art. 54, da Lei nº 8.884/94, os atos, práticas e contratos que podem limitar ou de qualquer forma prejudicar a livre concorrência, ou resultar na dominação de mercados relevantes de bens e serviços, deverão ser apresentados ao Cade e por essa agência concorrencial examinados.[144] O Cade chegou à mesma conclusão (de que os contratos de transferência de tecnologia que podem prejudicar a livre concorrência devam ser submetidos à sua avaliação, com base no critério do art. 54) no *leading case* National Medical Care Inc. e Baxter Hospitalar Ltda,[145] quando

---

[141] Barton, Dellenbach e Kuruk, 1988:195 (tradução livre de: "*holding technology grants a license to other firms to use the technology and market the resulting product*").
[142] Barton, Dellenbach e Kuruk, 1988:196 (tradução livre de: "*agreement among competitors, typically to provide mutual assistance in the development of products*").
[143] Ver Subiotto et al. (1995).
[144] Coelho, 1995.
[145] Representação nº 08000.000518/96-06; representante: Ruy Barata; representada: National Medical Care Inc. e Baxter Hospitalar Ltda; conselheiro relator: Antônio Carlos Fonseca da Silva; decisão publicada no *Diário Oficial da União*, 5-11-1997.

do julgamento do Procedimento Administrativo nº 08000.000518/96-06, de 1997. Nesse sentido, a ementa da decisão:

> AVERIGUAÇÃO PRELIMINAR — MERCADO DE SERVIÇO DE DIÁLISE — DENÚNCIA DE PRÁTICA VISANDO LIMITAÇÃO OU FALSEAMENTO DA LIVRE CONCORRÊNCIA MEDIANTE CARTELIZAÇÃO E MONOPOLIZAÇÃO OU DOMINAÇÃO DE MERCADO (...) CONTRATOS DE FRANQUIA — RESTRIÇÃO TERRITORIAL (...) LEI Nº 8.884/94, ART. 54 §§3º E 5º (...) [Contratos de venda de equipamentos de diálise] não podem, via contratos de franquia, impor a clínicas de saúde a restrição de não se estabelecer em qualquer parte do território nacional, *fato este suficiente a determinar a apresentação dos mesmos contratos, sob as penas da lei, para exame do Cade à luz do art. 54 da Lei nº 8.884* (...).[146]

Conforme o relatório anual do Cade, ano de 1997,[147] no Procedimento Administrativo nº 08000.000518/96-06, ocorreu a investigação das empresas National Medical Care (NMC) e Baxter, que figuraram como representadas, tendo sido acusadas de dominação do mercado de hemodiálise. Durante o desenrolar do processo, não resultou evidenciada qual a prática imputada às representadas que pudesse ter por efeito a dominação do mercado relevante. A principal hipótese levantada na investigação feita pela Secretaria de Direito Econômico (SDE) foi a de que os contratos de franquia e de transferência de tecnologia firmados entre as representadas e as clínicas de hemodiálise situadas no Brasil continham práticas anticompetitivas. Após a investigação preliminar realizada pela SDE, o Plenário do Cade decidiu que o art. 54 da Lei nº 8.884/94 aplicar-se-ia aos contratos de franquia que, potencialmente ou de fato, prejudicassem a livre concorrência.

De fato, o Cade deve examinar os contratos em que as empresas franqueadoras exercem influência determinante sobre os franqueados, intencionando restringir a localização geográfica de clínicas, podendo resultar no aumento do grau de concentração de clínicas e produtos de hemodiálise no mercado relevante. Para tanto, os contratos de franquia e transferência de tecnologia são orientados

---

[146] Grifo nosso.
[147] Relatório anual de 1997, do Cade. Disponível em: <www.cade.gov.br>.

à unificação do processo decisório, prevendo que apenas uma empresa define o conteúdo do contrato e, claramente, abusa de sua posição dominante no mercado.

A questão que preocupa quanto à concorrência, nesse tipo de contrato, é a restrição do mercado relevante geográfico, vez que, em sendo regionais, os consumidores do serviço de diálise não têm disposição para se deslocar a fim de receber o tratamento. Além disso, esse mercado é formado por um pequeno número de fornecedores (clínicas). A SDE sustentou que esses contratos permitiriam a dominação do mercado relevante pela integração vertical entre os mercados regionais de prestadores do serviço de hemodiálise e os de produção de equipamento de hemodiálise. Essa foi a razão pela qual o Plenário do Cade decidiu pela apresentação desses contratos para exame.

A Lei nº 8.884/94 estabelece o procedimento para a submissão desses contratos ao Cade. Os agentes econômicos que forem parte em contratos que contenham quaisquer das denominadas cláusulas problemáticas deverão encaminhar o contrato à SDE para que esta o examine previamente ou dentro de 15 dias de sua realização (art. 54, §4º). A SDE recolherá a respectiva documentação e proferirá parecer técnico, remetendo, após, o processo devidamente instruído ao Cade para a deliberação final em 60 dias. Em caso de omissão do Cade nesse período, os contratos contendo as cláusulas problemáticas serão automaticamente aprovados, independentemente de qualquer formalização (art. 54, §§6º e 7º). Ao reverso, se os contratantes inobservarem os prazos previstos no §4º, sofrerão pena pecuniária, a ser aplicada pelo Cade. Aliás, com base no art. 32, a SDE pode investigar qualquer outra infração da ordem econômica.

Com efeito, o referido controle exercido pelo agente antitruste brasileiro, o Cade, não pode ser confundido com o procedimento de registro, efetuado pelo Inpi, aqui já referido. Assim, ainda que, para fins de adquirirem a completude dos efeitos jurídicos, devam ser registrados os contratos de transferência de tecnologia, o Inpi não tem competência para fazer o exame antitruste de suas cláusulas, vez que se trata de competência exclusiva do Cade.[148] Dito de outra forma, o registro desses contratos, pelo Inpi, não

---

[148] O Cade é o único órgão da administração federal com competência para analisar práticas anticompetitivas com base na Lei da Concorrência, *i.e.*, Lei nº 8.884/94, consoante previsto nos arts. 1º e 7º. Art. 1º. Esta lei dispõe sobre a prevenção e a repressão às infrações contra a ordem econômica (...). Art. 7º. Compete ao Plenário do Cade: I — zelar pela observância desta lei e seu regulamento e do Regimento Interno do Conselho; (...).

pode ser negado com base em infrações da ordem econômica, o que sequer é admitido nos atos administrativos do Inpi antes mencionados. Por outro lado, o Cade não pode interferir em questão alguma acerca do registro de propriedade intelectual, por exemplo, cancelando a concessão da patente, ato esse que é, exclusivamente, da seara do Inpi.[149] Tal foi a decisão do Cade em dois casos. De fato, no primeiro, Bodygard Benton v. Benton Plastics, Averiguação Preliminar nº 08000.022244/94-36, agosto de 1997,[150] resultou que obter ou tentar obter marca ou patente por meio de fraude, não é, *per se*, violação de regras de concorrência. Para tanto, conjuntamente, deve haver prejuízo ao mercado. No segundo caso, Mont Blanc Engenharia v. Henry Vidigal e Terra Amada, Averiguação Preliminar nº 08000.024891/95-45,[151] de outubro de 1997, asseverou o Cade que não tem competência para prover qualquer reivindicação com o objetivo de anular um registro. De modo a dar tratamento à questão, ambas as autarquias — Inpi e Cade — firmaram um acordo de cooperação, em 1997.[152]

Ao examinar os contratos de transferência de tecnologia, o Cade pode utilizar-se da experiência americana proveniente das diretrizes do Departamento de Justiça, de 1995, com as ressalvas antes feitas acerca da preservação do sistema jurídico nacional. A importância conferida pelos americanos, no concernente ao mercado envolvido nessas transações, é demasiadamente útil. Por primeiro, "deve ser identificado o mercado de produtos no qual a licença poderá ter algum efeito anticompetitivo". Depois, os mercados de tecnologia envolvidos na transação, da mesma forma, podem ser determinados.[153]

No entanto, a ampla interpretação do art. 54, da Lei nº 8.884/94, pode trazer alguns problemas, à agência antitruste brasileira, similares aos enfrentados pela Comissão da União Europeia[154] no que tange à enxurrada de requisições à procura de isenção. Mas no Brasil, conforme os princípios gerais de

---

[149] Franceschini e Franceschini, 1995.
[150] Publicado no *Diário Oficial*, 19-8-1997.
[151] Publicado no *Diário Oficial*, 8-10-1997.
[152] Em 30-5-1997, Inpi e Cade firmaram um acordo de cooperação técnica, objetivando a troca de informação, serviços de assistência e a organização de estudos sobre a proteção da ordem econômica. Esse acordo foi publicado no *Diário Oficial*, de 30-6-1997. Os termos desse acordo são muito amplos, fazendo-se mister maior ligação entre as duas autarquias de modo a prevenir violações da ordem econômica por meio de contratos de transferência de tecnologia.
[153] Para mais detalhes, ver Subiotto et al. (1995:5).
[154] Para a dicussão na Europa, ver Shen (1997:251); Bos e Slotboom (1998:1).

direito administrativo brasileiro, o Cade goza de um limitado poder normativo, pelo qual pode restringir, mas não ampliar, os limites da lei. Somente a experiência poderá demonstrar ao Cade o que poderia ser objeto de exceção. Melhor será se as autoridades brasileiras tiverem o completo controle sobre as transações econômicas que podem prejudicar o mercado, do que deixar os contratos de transferência de tecnologia livres de qualquer exame, em um momento de abertura econômica. Por outro lado, uma interpretação nesse sentido não traria qualquer prejuízo ao sistema econômico, requerendo agilidade por parte das autoridades públicas, uma vez que todos os atos, práticas e contratos submetidos à apreciação e não formalmente negados, dentro do prazo de 60 dias, são considerados automaticamente aprovados (muito embora, na prática, o Cade possa usar de expedientes não coerentes com a boa-fé e a cooperação, para alongar o prazo para análise do ato de concentração).

Conclusão

Ao longo da última década do século passado (sem muitas alterações posteriores), o Brasil modificou a sua política econômica, inclinando-se na direção do modelo de mercado pelo qual um grande processo de privatização foi implantado, tendo como resultado a venda, pelo Estado, da maioria das grandes estatais, nas áreas de telecomunicações, minério, gás etc. A Lei da Propriedade Intelectual foi modificada em 1996, de modo a atrair grande fluxo de investimento estrangeiro, na tentativa de solucionar o problema de falta de reservas internas. Nesse contexto, não havia mais espaço para a severa regulação, das operações de transferência de tecnologia, aprovada pelo Inpi. A partir de então, ao Inpi coube, tão somente, o procedimento formal de registro, deixando de controlar substancialmente tais operações. A lacuna na proteção do mercado nacional foi preenchida com o fortalecimento da posição do Cade e com a modernização da legislação antitruste, tomando-se por base os modelos americano e europeu. O resultado advindo foi a edição da nova Lei da Concorrência, a Lei nº 8.884/94.

Doravante, cabe ao Cade exercer o controle antitruste sobre os contratos de transferência de tecnologia, consoante os arts. 20, 21 e 54, da Lei nº 8.884/94. Assim, grandes mudanças têm sido feitas desde que o Inpi parou de exercer o referido controle substancial, embora algumas similitudes sejam vistas no bojo da regulação direta de transferência de tecnologia e nas disposições antitruste. Deve-se atentar para o fato de que, de um lado, algumas regras previstas no modelo de regulação direta de transferência de tecnologia, inspirado nos princípios da Noei, podem ser encontradas na nova Lei da Concorrência, especialmente no que concerne a práticas ilegais. Por outro lado, o cerne de uma regulação antitruste difere do escopo almejado por uma regulação direta de transferência de tecnologia.

A regulação direta de transferência de tecnologia, no que tange às cláusulas contratuais restritivas, geralmente não atenta para a concorrência entre agentes econômicos locais ou agentes econômicos estrangeiros. Por exemplo, a disposição de que uma empresa local não poderia adquirir tecnologia de uma companhia estrangeira, se uma tecnologia doméstica similar estivesse disponível no mercado nacional, não faz parte dessas regras. Não importa às regras de transferência de tecnologia se a empresa doméstica proprietária de tecnologia tem poder econômico e pode, de alguma forma, abusar de sua posição dominante em detrimento de outras empresas locais. Além do mais, a concessão de licenças exclusivas, cuidadosamente controladas pelas agências antitruste, foi aceita pela maioria das autoridades da propriedade intelectual.

Isso porque regulações diretas não impõem limitações a licenças exclusivas, a despeito da possibilidade de causarem severo impacto na concorrência entre empresas locais. A razão disso é que o foco da Lei Antitruste é a preservação da estrutura competitiva do mercado e a repressão de práticas abusivas que podem prejudicar a concorrência e os consumidores. Esse sistema permite a alocação racional de recursos econômicos e, por consequência, a eficiência, proporcionando um poderoso incentivo à inovação e ao desenvolvimento. Dessa forma, se algumas similitudes vêm à tona, os princípios e a finalidade, em seu todo, são completamente diferentes.

Entretanto, o Cade deve atentar para dois importantes fatores quando do exame dos efeitos anticoncorrenciais dos contratos de transferência de tecnologia. O primeiro é a realidade própria e discrepante do mercado brasileiro. O segundo é a necessidade da manutenção da integridade do sistema jurídico nacional (quando trabalhado em conjunto com o direito comparado). Resultou demonstrado no corpo deste trabalho quão diferente é o mercado brasileiro em comparação com os mercados americano e europeu, principalmente pelo fato de estar mais sujeito a maior concentração de poder econômico. De fato, algumas grandes corporações podem gozar de extremo poder de mercado não sujeito à lei da oferta e da procura. Por outro lado, essas mesmas empresas são as detentoras da tecnologia, vez que têm capacidade para financiar os dispendiosos projetos de pesquisa e desenvolvimento (P&D). Os Estados Unidos, a União Europeia e o Japão são, fora de dúvida, os comandantes da ciência mundial. Por isso, é muito possível que grandes corporações com poder econômico prejudiquem o mercado brasileiro e o sistema de concorrência através dos contratos de transferência de tecnologia, dificultando o acesso à inovação.

Last but not least, ao Cade cabe preservar a tradição jurídica brasileira na aplicação da Lei nº 8.884/94 aos contratos de transferência de tecnologia, a fim de manter a coerência do sistema jurídico. Isso significa dizer que o Cade deve levar em conta todas as leis que dispõem sobre o caso em análise, seja a Constituição Federal, o Código Civil, a legislação societária. Ao realizar o controle antitruste, o Cade não deve transplantar sem adaptações as decisões e doutrinas estrangeiras na interpretação da lei brasileira, em que pese a semelhança no conteúdo das normas. Tais doutrinas e decisões foram desenvolvidas e destinadas à resolução de problemas exsurgidos em uma realidade econômica diversa da brasileira, não sendo, necessariamente, a melhor solução para os problemas a serem aqui enfrentados. Dessa forma, a sua aplicação deve ser justificada e não apenas presumida correta.

De modo a preservar a integridade do sistema jurídico brasileiro, a sistematização aqui sugerida provém da conexão entre os contratos internacionais de transferência de tecnologia e o princípio contratual da proteção da *ordem pública*. Isso porque, de acordo com a doutrina nacional, a lei de concorrência é parte integrante da *ordem pública* brasileira. A justificativa jurídico-sistemática para a aplicação da Lei Antitruste aos contratos de transferência de tecnologia reside, basicamente, no art. 166 (além do art. 421), mas, também, no novo ato normativo editado pelo Inpi (ambos impondo o respeito à *ordem pública*). Ainda, os arts. 20, 21 e 54, da Lei nº 8.884/94, legitimam o poder do Cade para controlar os efeitos anticoncorrenciais no mercado de transferência de tecnologia. Em consequência disso, as partes contratantes que entabularem um contrato desse tipo devem respeitar o disposto na lei concorrencial, vez que integrante da *ordem pública*. As cláusulas que desrespeitarem tal disposição poderão ser consideradas nulas pelo Cade. As mais importantes disposições do direito concorrencial brasileiro são encontradas na Lei nº 8.884/94.

Essa lei autoriza a forma dual de controle antitruste sobre os acordos de transferência de tecnologia pelo Cade. A primeira, com finalidade preventiva, está estribada no art. 54, o qual prevê que todos os contratos que, potencialmente, prejudicarem o mercado deverão ser submetidos ao agente antitruste brasileiro. A segunda é repressiva e encontra guarida nos arts. 20 e 21, podendo anular condutas que violem a ordem econômica, no exame caso a caso. Essa análise é fundada nas decisões do Cade acerca de restrições verticais e horizontais (a depender se a transferência de tecnologia é vertical ou horizontal) — por exemplo, a citada decisão no Procedimento Administrativo nº 148/94, tendo como representada a Indústria de Alimentos Gerais Kibon (por fixação de preços e restrições verticais). Em vista disso, a maior novidade apontada por este trabalho parece ser a sugestão do controle preventivo sobre os contratos de transferência de tecnologia, seguindo o critério do art. 54 da Lei nº 8.884/94, conforme a decisão do Cade no Procedimento Administrativo nº 08000.000518/96-06, tendo por representadas a National Medical Care (NMC) e a Baxter.

Assim, tanto os contratos verticais, quanto os horizontais, de transferência de tecnologia que contiverem as referidas cláusulas problemáticas devem ser comunicados ao Cade e por esse agente antitruste examinados, de acordo com o disposto no art. 54. Relembrando menção anterior, as cláusulas problemáticas, com potencial de maior efeito nocivo à livre concorrência, são: cláusulas de licença reversa (*grant back*), proibições de utilização de tecnologia após a expiração do contrato (*post expiry*), cláusulas proibindo o questionamento administrativo ou judicial a respeito da validade do direito de propriedade intelectual (*no challange*), vendas casadas (*tying arrangements*), proibição ou restrição à concorrência (*non-competition clauses*), fixação de preços (*price fixing*), restrições de quantidade (*volume restrictions*), restrições de utilização (*field-of-use restrictions*), licenças-pacote (*package license*), cláusulas de não concorrência, restrições de exportação (*export restrictions*), licença cruzada (*cross licensing*) e acordo de patentes (*pooling patents*).

O procedimento para submeter o contrato de transferência de tecnologia ao exame do Cade está previsto na Lei nº 8.884/94. Quando previstas, nesses pactos, as chamadas cláusulas restritivas, devem ser os contratos apresentados para exame à SDE previamente ou dentro de 15 dias de sua realização. A SDE coletará a documentação respectiva e emitirá parecer técnico, remetendo, após, o processo devidamente instruído ao Plenário do Cade, que deliberará no prazo de 60 dias. Caso o Cade silencie nesse período, ocorrerá a aprovação automática dos referidos contratos, a despeito de qualquer formalização. Ao reverso, se os contratantes inobservarem os prazos previstos no §4º, sofrerão pena pecuniária, a ser aplicada pelo Cade, Aliás, com base no art. 32, a SDE pode investigar qualquer outra infração da ordem econômica.

Ademais, o Cade poderá autorizar as operações de transferência de tecnologia que poderiam, eventualmente, prejudicar a livre concorrência, desde que promovam ganhos em produtividade, na qualidade de bens ou serviços, ou, ainda, propiciem a eficiência e o desenvolvimento tecnológico e econômico, de acordo com o art. 54, da Lei nº 8.884/94. Outrossim, a análise do agente antitruste deve passar pela distribuição equitativa aos participantes do mercado. Cabe, ainda, a análise do risco de eliminação da concorrência no mercado relevante. *Last but not least*, ao Cade é dado perscrutar se as operações realizadas pelos agentes econômicos não se constituem, tão somente, nos meios necessários para a consecução de seus desideratos econômicos.

Referências

ALMEIDA COSTA, M. J. *Direito das obrigações*. Coimbra: Almedina, 1991.

ANTUNES, José Manuel Oliveira; MANSO, José António Costa. *Relações internacionais e transferência de tecnologia*: o contrato de licença. Coimbra: Almedina, 1993.

BAPTISTA, Luiz Olavo. *Dos contratos internacionais*: uma visão teórica e prática. São Paulo: Saraiva. 1994.

BARBOSA, Denis. *O comércio de tecnologia*: aspectos jurídicos — transferência, licença e *know-how*. 1988. Disponível em: <denisbarbosa.addr.com/108.DOC>.

BARTON, John H.; DELLENBACH, Robert B.; KURUK, Paul. Toward a theory of technology licensing. *Stanford Journal of International Law*, v. 25, p. 195, 1988.

BASSO, Maristela. *Contratos internacionais do comércio*. 3. ed. Porto Alegre: Livraria do Advogado, 2002.

BASTOS, A. W. Globalização e o novo código de propriedade industrial. *Revista de Direito Econômico*, p. 9, jul./dez. 1996.

BERKMEIER, Astrid. Transferência de tecnologia: contratos entre autonomia privada e intervenção econômica do Estado: o controle do mercado de tecnologia no Brasil. *Revista Forense*, v. 296, p. 441, 1986.

BOBBIO, N. *Teoria do ordenamento jurídico*. Brasília: UnB, 1990. Tradução do italiano.

BOS, V.; SLOTBOOM, Marco. The EC technology transfer regulation — a practioner's perspective. *International Lawyer*, v. 32, p. 1, 1998.

BOWMAN, W. *Patent and anti-trust law*: a legal & economic appraisal. Chicago: University of Chicago Press, 1973.

BRUNA, S. V. *O poder econômico e a conceituação do abuso em seu exercício*. São Paulo: Revista dos Tribunais, 1997.

CABANELLAS, G. *Antitrust and direct regulation of international transfer of technology transactions*: a comparison and evaluation. Munich: Deerfield Beach/ Max Planck Institute, 1984.

CANARIS, C. W. *Pensamento sistemático e conceito de sistema na ciência do direito*. Lisboa: Fundação Calouste Gulbenkian, 1991. Tradução do alemão.

CARRASCO, H. Law, hierarchy and vulnerable groups in Latin America: towards a model of development in a neoliberal world. *Stanford Journal of International Law*, v. 30, p. 221, 1994.

CERQUEIRA, João da Gama. *Tratado da propriedade industrial*. São Paulo: Saraiva, 1946.

CLARKE, A. *Course of legal aspects of international technology transfer*. Warwick University, academic year 1998/1999. II Term.

COELHO, F. U. *Direito antitruste brasileiro*. São Paulo: Saraiva, 1995.

COOTER, Robert D.; SCHAEFER, B. O problema da desconfiança recíproca. *The Latin American and Caribbean Journal of Legal Studies*, Berkeley Electronic Press, v. 1, 2006. Disponível em: <http://services.bepress.com/lacjls/vol1/iss1/>. Acesso em: 15 nov. 2007.

CORNISH, W. R. *Intellectual property*: patents, copyright, trade marks and allied rights. London: Sweet & Maxwell, 1996.

DAVID, R. *Os grandes sistemas de direito contemporâneo*. São Paulo: Martins Fontes, 1995. Tradução do francês.

DWORKIN, R. *Is the law a system of rules?* Philosophy of law. Oxford: Clarendon Press: 1987.

FARNSWORTH, Alan. *Contracts*. 4. ed. New York: Aspen, 2004.

FIKENTSCHER, W. *The draft international code of conduct on the transfer of technology*: a study in Third World development. Munich: Deerfield Beach/ Max Planck Institute for Foreign and International Patent, Copyright, and Competition Law, 1980.

FONSECA, A. Innovation, competition and intellectual property. *Revista de Direito Econômico*, v. 26, p. 63, 1997.

FORGIONI, Paula A. *Os fundamentos do antitruste*. São Paulo: Revista dos Tribunais, 1998.

_____. *Os fundamentos do antitruste*. 2. ed. São Paulo: Revista dos Tribunais, 2005.

FRADERA, Vera Maria Jacob de. *La circulation des modèles juridiques français en Amerique Latine*. Paris: Mémoire, 1993.

_____. A circulação de modelos jurídicos europeus na América Latina: um entrave à integração econômica no Cone Sul? *Revista dos Tribunais*, n. 736, p. 20-39, 1997.

FRANCESCHINI, José Inácio Gonzaga; FRANCESCHINI, José Luiz Vicente de. *Poder econômico: exercício e abuso*. Direito antitruste brasileiro. São Paulo: Revista dos Tribunais, 1995.

FRAZER, Tim. *Monopoly, competition and the law*. London: Harvester Wheatsheaf Publisher, 1992.

FREIRE, José Luis De Sales; PINTO, José Emílio Nunes. Privatization in Brazil. *Hastings International and Comparative Law Review*, p. 689, Summer 1994.

FREITAS, T. *Consolidação das leis civis*. Rio de Janeiro: Garnier, 1896.

GALBRAITH, John K. *A sociedade afluente*. São Paulo: Pioneira, 1987.

GHESTIN, J. *Droit civil*: la formation du contrat. Paris: LGDJ, 1993.

GROVES, Peter; MARTINO, Tony; MISKIN, Claire; RICHARDS, John. *Intellectual property and the internal market of the European Community*. London: Graham & Trotman, 1993.

HAUG, David M. The international transfer of technology: lessons that East Europe can learn from the failed Third World experience. *Harvard Journal of Law and Technology*, v. 5, p. 210, 1992.

HETTINGER, E. Justifying intellectual property rights. *Philosophy and Public Affairs*, v. 18, p. 31-52, 1989.

HOLMES, Oliver. *The common law*. New York: Dover, 1991.

INPI. *Marcas & patentes*. Rio de Janeiro, s.d.

KENNEDY, Duncan. Distributive and paternalist motives in contract and tort law. *Maryland Law Review*, v. 41, p. 563, 1982.

KOBAK JR., James B. Running the gauntlet: antitrust and intellectual property pitfalls on the two sides of the Atlantic. *Antitrust Law Journal*, v. 64, p. 341, 1996.

KRONMAN, Anthony. Contract law and distributive justice. *Yale Law Journal*, v. 89, p. 472, 1980.

_____. Paternalism and the law of contracts. *Yale Law Journal*, v. 92, 1983.

LAIRD, S. Latin American trade liberalization. *Minnesota Journal of Global Trade*, v. 4, p. 196, 1995.

LARENZ, Karl. *Metodologia da ciência e do direito*. Tradução de José Lamego. Lisboa: Fundação Calouste Gulbenkian, 1988.

MARTINS-COSTA, Judith H. *Sistema e cláusula geral*. Tese (Doutorado) — Universidade de São Paulo, São Paulo, 1996.

MINISTÉRIO DA CIÊNCIA E TECNOLOGIA. *Estudo da competitividade da indústria brasileira*: relatório final. 1993. Disponível em: <www.mct.gov.br>.

MOSS, J. The 1990 Mexican technology transfer regulations. *Stanford Journal of International Law*, v. 27, p. 215, 1990.

MURTA, Roberto de Oliveira. *Contratos em comércio exterior*. São Paulo: Aduaneiras, 1995.

PAGE, William H. Antitrust review of mergers in transition economies: a comment, with some lessons from Brazil. *University of Cincinnati Law Review*, v. 66, p. 1113, 1998.

POUND, Roscoe. Mechanical jurisprudence. *Columbia Law Review*, v. 8, p. 605, 1908.

ROCCO, A. M. Brazil in the Uruguai round of the GATT. *New York University Journal of International Law and Politics*, p. 213, Fall 1998.

ROSEN, N. E. Intellectual property and the antitrust pendulum: recent developments at the interface between the antitrust and intellectual property laws. *Antitrust Law Journal*, v. 62, p. 669, 1994.

ROSSETTI, José Pascoal. *Introdução à análise econômica*. 15. ed. São Paulo: Atlas, 1991.

RULE, Charles F. Patent-antitrust policy: looking back and ahead. *Antitrust Law Journal*, Developments 1990-91, v. 59, p. 729-737, 1991.

SALOMÃO FILHO, Calixto. *Direito concorrencial*. São Paulo: Malheiros Editores, 1997.

SELL, S. *Power and ideas*. New York: State University of New York Press, 1998.

SHEN, J. Block exemption for technology licensing agreements under comission regulation (EC) Nº 240/96. *Boston College International and Comparative Law Review*, v. 20, p. 251, 1997.

SHIEBER, Benjamin. *Abuso do poder econômico*. São Paulo, RT, 1966.

SILVA, Jorge Cesar F. da. *Do contrato internacional de transferência de tecnologia*. 1996. Texto inédito.

SOBEL, G. The antitrust interface with patents and innovation: acquisition of patents, improvement patents and grant-backs, non-use, fraud of the patent office. *Antitrust Law Journal*, v. 53, p. 681, 1985.

STEVENS, D. Framing competition law within an emerging economy: the case of Brazil. *Antitrust Bulletin*, p. 929, 1995.

STRENGER, Irineu. *Contratos internacionais do comércio*. São Paulo: Revista dos Tribunais, 1986.

SUBIOTTO, Romano et al. *Technology licensing*: the EC & US rules compared. Speech at the annual conference of the Solicitor's European Group, June 1995. Trabalho inédito, fornecido pelo dr. Dallal Stevens.

TERRÉ, F. et al. *Droit civil*: les obligations. Paris: Dalloz, 1996.

THE ECONOMIST. A survey of Brazil. Mar. 27, 1999.

TIMM, Luciano Benetti. *Da prestação de serviços*. 3. ed. Rio de Janeiro: Forense, 2006a.

_____. Direito, economia e a função social do contrato: em busca dos verdadeiros interesses coletivos protegíveis no mercado de crédito. *Revista de Direito Bancário e do Mercado de Capitais*, v. 33, p. 15-31, 2006b.

_____. O direito fundamental à livre-iniciativa na teoria e na prática institucional brasileira. *Revista da Ajuris*, v. 106, p. 107-124, 2007.

_____. *Direito e economia*. 2. ed. Porto Alegre: Livraria do Advogado, 2008.

_____; MACHADO, Rafael. Direito, mercado e função social. *Revista da Ajuris*, v. 103, p. 197-210, 2006.

TOM, Williard J.; NEWBERG, Joshua A.. Antitrust and intellectual property: from separate spheres to unified field. *Antitrust Law Journal*, v. 66, p. 167, 1997.

UNGER, Roberto Mangabeira. *Law in modern society*. New York: Free Press, 1976.

WALD, A. *La circulation du modèle juridique français au Bresil*. Rapport présente aux Journées Franco-Italiennes de l'Association Henri Capitant des Amis de la Culture Juridique Française, 1993.

WATSON, Alan. *Society and change.* Edinburgh: Scottish Academic Press, 1977.

_____. *The evolution of law.* Baltimore: Johns Hopkins University Press, 1985.

WIEACKER, Franz. *História do direito privado moderno.* 2. ed. Tradução de A. M. Hespanha. Lisboa: Fundação Calouste Gulbenkian, 1980.

4
Condenados ao conflito?
Uma análise do papel da proteção da propriedade intelectual na licença de tecnologia de software e a análise antitruste*

*Bekhzod A. Abdurazzakov***

Introdução

Em uma economia capitalista, "a tecnologia é valiosa".[1] É um importante fator para o crescimento industrial e o desenvolvimento das companhias. É valiosa para os consumidores, porque lhes proporciona acesso a serviços melhores e mais baratos. É, também, cara para ser produzida. Uma nova tecnologia não é fácil de se produzir. Como demonstram as estatísticas, o total gasto pelas companhias privadas americanas em pesquisa e desenvolvimento tem sido algo em torno de US$ 204 bilhões (ou 1,94% do PIB americano).[2] Em que pesem seus elevados custos, a tecnologia confere aos seus proprietários claras vantagens, que podem trazer benefícios substanciais ao aumentar o lucro e proporcionar vantagens competitivas. Nesse sentido, há um constante mercado para a tecnologia.

À medida que a indústria de software se torna mais importante, há um crescimento da demanda por tecnologia de software. Essa tecnologia é caracterizada por requerer esforços e investimentos substanciais no desenvolvimento

---

* Dissertação apresentada como requisito ao grau de *master of laws* (LLM) na Universidade de Warwick (Inglaterra). Tradução, adaptação e atualização de Luciano Benetti Timm, Francisco Kümmel e Renato Caovilla, do Grupo de Direito e Economia da PUC-RS. Revisão de Pedro Paranaguá.
** Advogado no Uzbequistão; *master of laws* pela Universidade de Warwick (Inglaterra) e pela Universidade de Harvard (Estados Unidos).
[1] Schlicher, 1996:1.
[2] Na área de tecnologia de software, os gastos em pesquisa e desenvolvimento giram em torno de US$ 10 bilhões (*Science and Engineering Indicators*, s.d.).

de um novo produto, porém baixo é o custo marginal de sua reprodução. Assim, tal perfil a torna passível de fácil apropriação e imitação (ou seja, no jargão econômico, a propriedade intelectual, especialmente o software, tem características de bem público, ou seja, é de difícil exclusão de terceiros e seu uso não costuma exaurir o bem). Os contratos de licenciamento de tecnologia referentes a software contêm especiais considerações para que se alcance o maior nível de proteção concebido pelas leis de propriedade intelectual, utilizando-se a licença como a medida para se manter o controle sobre a tecnologia e a informação transferidas.

De outra parte, há uma tensão fundamental entre as leis de propriedade intelectual (neste caso, especificamente patentes e direito autoral) e as leis antitruste.[3] Elas destinam-se a promover o progresso, entretanto as leis antitruste condenam o monopólio, ao passo que as leis patentárias e de direito autoral conferem ao autor ou titular a exclusividade do direito de uso e de exploração do bem, como recompensa pelo investimento e pela criatividade. O professor O'Rourke assinalou: "O direito antitruste visa a desenvolver meios na tentativa de realizar seus respectivos fins; a propriedade intelectual confere direitos exclusivos que protegem contra a mesma concorrência que o direito antitruste pretende incentivar."[4] Dessa forma, transações de licença de tecnologia, que causam preocupações antitruste, têm sido consideradas pró-concorrenciais pela análise da regra da razão, a menos que fatos contrários desfaçam o equilíbrio.

No que tange a software, há, ainda, algum grau de incerteza acerca do âmbito de proteção propriamente dito, mas a tendência atual é a convergência gradual das formas de proteção legal. Assim, a combinação de segredo de negócio, patentes e direitos autorais pode ampliar os poderes dos proprietários de tecnologia de software além dos limites iniciais propostos pelas leis de propriedade intelectual. Particularmente, a padronização de um software específico vem adquirindo grande importância. O proprietário do software que se tornar o "padrão de fato" do mercado dispõe de um poder monopolístico ainda maior, utilizando-o para consolidar a sua posição nos mercados relevantes de

---

[3] Atari Games v. Nintendo of America Inc., 897 F.2d 1572, 1576 (Federal Circuit, 1990) — "os desígnios e objetivos das leis de patente e antitruste são (...) totalmente conflitantes" (tradução livre de: "*the aims and objectives of patent and antitrust laws may seem (...) wholly at odds*").

[4] O'Rourke, 1998:41 (tradução livre de: "*Antitrust law seeks to encourage means in attempting to achieve their respective ends; intellectual property grants exclusive rights that protect against the same competition antitrust was meant to foster*").

software. Todavia, a maneira de exercer tal posição pode gerar consequências negativas se o monopólio se comportar desarrazoadamente.

O objetivo desta pesquisa é o de analisar o poder monopolístico, em mercados separados, do titular de direitos proprietários de tecnologia de software, na presença de externalidade de redes, e discutir o posicionamento antitruste para a resolução do problema. Os primeiros três itens versam sobre a regulação nas indústrias de alta tecnologia e a natureza do software, bem como apresentam uma visão geral da economia subjacente à tecnologia de software e os conceitos legais constantes de algumas leis de certos tipos de propriedade intelectual[5] que asseguram proteção. O quarto item trata da conveniência da proteção legal do software contra as pretensões antitruste sobre certas práticas restritivas. O item seguinte discute a "padronização" ou a alegada monopolização dos mercados secundários pelos titulares do direito exclusivo e o tratamento antitruste conferido. O último item promove uma avaliação do constatado e sugere recomendações que ajudarão na solução dessa problemática questão.

Aspectos gerais

A regulação antitruste na licença de propriedade intelectual

A base da legislação antitruste americana é formada por dois estatutos principais — Sherman Act e Clayton Act —,[6] os quais foram adotados como garantias de preservação do livre mercado e de estímulo à concorrência.[7] Na área de propriedade intelectual, o tratamento antitruste tem progredido através de diversos estágios de desenvolvimento, embora, no momento, ainda se esforce para resolver as controvérsias emergentes no contexto das indústrias de alta tecnologia.

De início, os tribunais tratavam a propriedade intelectual como "propriedade privada", e, em consequência, o seu titular dispunha de discricionariedade irrestrita.[8] A questão inaugural apreciada pela Suprema Corte dos Estados Unidos versava acerca das restrições contratuais entre os membros de um *pool* de patentes, no caso National Harrow, onde a Corte decidiu favoravelmente aos

---
[5] Principalmente direitos autorais e patentes.
[6] Sherman Act 15 U.S.C. §§1-7; Clayton Act 15 U.S.C. §§ 12-27, 29 U.S.C. §§52-53.
[7] Areeda, 1974.
[8] Tom e Newberg, 1997:167.

réus da ação, concluindo que o monopólio conferido pela patente legitima as restrições de preço impostas pelo concedente da licença.[9] Mais tarde, a começar pelo caso Motion Picture Patents Co.,[10] os tribunais começaram a mudar o posicionamento, passando a reconhecer que as leis de propriedade intelectual, como quaisquer outras, estariam sujeitas às limitações antitruste. Nesse sentido, o entendimento segundo o qual a propriedade intelectual poderia existir em oposição às noções antitruste levava à conclusão de que se tratava de duas esferas diametralmente opostas do direito, apesar de se pautarem pelo mesmo desígnio: a promoção do progresso. Em consequência, de modo a harmonizar os conceitos tradicionais antitruste com a noção geral do monopólio conferido pela propriedade intelectual, argumentava-se que esse tipo de monopólio era limitado, devendo ser tolerado, tão somente, na persecução dos desígnios da propriedade intelectual.[11]

Havia certos tipos de atividades que eram condenados pela Suprema Corte dos Estados Unidos por serem absolutamente anticoncorrenciais ou ilegais *per se*, sem que houvesse a avaliação correta dos seus verdadeiros efeitos.[12] Em outras situações, a Corte valia-se do exame da "regra da razão", pela qual a lei antitruste somente condenava o acordo se causasse efeitos potencialmente anticompetitivos em um mercado, pendendo, na balança, mais para o lado anticoncorrencial do que a favor da concorrência. A limitação do monopólio era determinada pelas fronteiras da patente concedida e, nessa circunscrição, o monopólio era quase absoluto, embora, ao se excederem tais limites, o seu titular arcasse com as consequências da lei antitruste. Eventualmente, os tribunais deparavam-se com dificuldades consideráveis na identificação precisa das referidas fronteiras, da patente concedida, e da conduta excessiva realizada.[13]

As dificuldades na aplicação do padrão legal às aludidas situações levaram à introdução da análise econômica ao direito antitruste, a qual, *inter alia*, incluía a avaliação dos efeitos no mercado causados pelo exercício do monopólio.[14] Além disso, em meados dos anos 1970, a Escola de Chicago desenvolveu uma

---

[9] "A regra geral é a plena liberdade no uso ou cessão dos direitos sob as leis de patentes dos Estados Unidos" (tradução livre de: "*[T]he general rule is absolute freedom in the use or sale of rights under patent laws of the United States*"), Brement & Sons v. National Tooth Harrow, 186 U.S. 70, 91 (1902).
[10] Motion Picture Patents Co. v. Universal Film Mfg. Co., 243 U.S. 502 (1917).
[11] Tom e Newberg, 1997:167.
[12] U.S. v. Line Material Co., 333 US 287, 308 (1948).
[13] Tom e Newberg, 1997:174.
[14] Id., ibid., p. 173.

abordagem segundo a qual, em certas circunstâncias, restrições à concorrência podem se tornar, na verdade, pró-competitivas, e que o foco de atenção do direito antitruste deveria recair, tão somente, sobre o bem-estar do consumidor.[15] Após isso, os tribunais, incorporando, nas decisões antitruste, a teoria da Escola de Chicago — a qual foi adotada como um dos principais conceitos da política de regulação —, começaram a aplicar, rotineiramente, a análise econômica. Em particular, em dois *leading cases* envolvendo práticas restritivas à concorrência, a saber, BMI[16] e Sylvania,[17] a Suprema Corte recusou a aplicação do mecanismo da ilegalidade *per se*, asseverando que tal eliminaria a análise econômica dos possíveis resultados positivos inoculados no mercado.[18]

Ademais, acadêmicos contemporâneos e agentes antitruste têm constatado a importância crescente da eficiência dinâmica (*i.e.*, inovação).[19] Em 1996, Anne Bingaman, ex-chefe da Divisão Antitruste do Departamento de Justiça dos Estados Unidos, afirmou que a "inovação é fundamental para o avanço dos interesses econômicos da nação".[20] Pelo fato de a concorrência estimular a inovação, os agentes antitruste reconhecem que "os responsáveis pelo cumprimento da legislação antitruste têm a função de assegurar que a concorrência entre os inovadores não seja reduzida ou obstaculizada".[21] Ainda, o posicionamento antitruste de "assegurar que as restrições privadas não estreitem as fontes potenciais de inovação".[22]

Atualmente, o posicionamento antitruste do governo americano acerca das licenças de propriedade intelectual, que, em larga medida, reflete as questões da política regulatória, afastou-se do modelo das esferas separadas, passando a

---

[15] Ver Bork (1993), argumentando que as ações antitruste afetam, contrariamente, o bem-estar do consumidor, protegendo pequenos negócios ineficientes e não competitivos.
[16] Broadcast.Music Inc. v. CBS Inc., 441, U.S. 1 (1979).
[17] Continental T.V. Inc. v. GTE Sylvania Inc., 433 U.S. 36 (1977).
[18] Recentemente, renomado advogado atuante na área antitruste asseverou que, "após o caso Sylvania, a teoria econômica importa, e importa decisivamente" (Popofsky e Popofsky, 1994; tradução livre de: "*after Sylvania economic theory matters, and matters decisively*").
[19] A eficiência dinâmica é definida como "a alocação de recursos ótima de Pareto entre o passado e o futuro" (Baumol e Ordover, 1992:82-83; tradução livre de: "*the Pareto optimal allocation of resources between [the] past and [the] future*").
[20] Bingaman, 1996 (tradução livre de: "*innovation is critically important to the advancement of the nation's economic interests*").
[21] Varney, 1995 (tradução livre de: "*antitrust enforcers have a role to play in ensuring that competition among innovators is not reduced or retarded*").
[22] Bingaman, 1996 (tradução livre de: "*make sure that private restraints do not narrow the potential sources of innovation*").

recair sobre a análise, pela regra da razão, dos efeitos provocados no mercado pelas práticas restritivas à concorrência.[23] Dessa forma, a despeito de sua complexidade, a abordagem pela "regra da razão" evita os efeitos demasiadamente restritivos da regra da ilegalidade *per se*, dando margem à flexibilização, no intento de alcançar o devido equilíbrio.[24]

A maior parte das transações de licenciamento de propriedade intelectual refere-se à modalidade vertical. O ato vertical tende a promover eficiência, e as restrições impostas podem ser os meios para a obtenção de resultados eficientes.[25] A posição do Departamento de Justiça dos Estados Unidos, na determinação da anticompetitividade de uma restrição, baseia-se na avaliação dos potenciais efeitos do contrato de licença. "Uma restrição vertical é prejudicial se facilita a colusão entre agentes econômicos atuantes no mesmo nível da cadeia de produção/distribuição ou confere a um agente econômico o monopólio através do aumento dos custos do concorrente."[26] Entretanto, no que toca a restrições contratuais nos atos horizontais, a regra da razão é amplamente questionada,[27] e os tribunais, ao aplicá-la a casos específicos (*i.e.*, vendas casadas), não têm atingido resultados coerentes.[28]

Além disso, no que concerne aos contratos de licenciamento de tecnologia de software, novos fatores de externalidades de rede alimentam questões de relevância ainda maior. Esses conceitos afetam a concorrência no mercado ao capacitar um produto a se tornar crescentemente dominante e permanente. Isso causa os problemáticos efeitos *lock-in*, aprisionando os consumidores no mundo de um só produto (e no mundo do criador desse produto), limitando, dessa forma, a concorrência e diminuindo o nível de inovação.

---

[23] *The 1995 antitrust guidelines for licensing of intellectual property*, 1995.
[24] As diretrizes atuais, seguindo tal posição, repousam sobre três princípios: primeiro, a propriedade intelectual é comparável a qualquer outro tipo de propriedade; segundo, não se presume o poder de mercado a partir da mera existência de direitos proprietários; terceiro, a licença de propriedade intelectual é, geralmente, considerada pró-concorrência. O impacto causado pelas disposições das diretrizes reflete-se no tratamento mais favorável às atividades anteriormente vislumbradas como meramente pró-concorrenciais. Ver Tom e Newberg (1997:204).
[25] Para uma visão mais ampla, ver Wegner (1997).
[26] Tom e Newberg, 1997:204 (tradução livre de: "*A vertical restraint is harmful if it facilitates collusion among horizontal competitors or confers a firm monopoly over price by raising the costs of rivals*").
[27] Kaplow, 1984.
[28] Ver Sylvania, na n. 17, e Jefferson Parish v. Hyde 466 U.S. 2 (1984).

Software e leis de propriedade intelectual

Uma visão geral de software como produto e a sua evolução

DEFINIÇÕES

O software como tecnologia pode ser definido como um amplo conceito, referindo-se não apenas a um programa de computador propriamente dito, mas acompanhado de documentação, manuais, especificações, planos de teste e outros manuais necessários.[29] Entretanto, neste estudo, o termo software significará, estritamente, o programa de computador. Como é cediço, um programa de computador consiste em sequências e instruções utilizadas pelas unidades de hardware ou máquina, provocando resultados desejáveis.[30]

O software pode ser dividido em software de aplicação, que permite ao usuário realizar tarefas específicas (*e.g.*, tabelas, processadores de textos, banco de dados etc.), e software de sistema, desenvolvido para realizar tarefas associadas com o controle direto e a utilização do hardware.[31] Ainda, faz-se mister notar que o software é geralmente fornecido ao usuário final em código-objeto,[32] o qual interage diretamente com os componentes do hardware de um computador ou através do sistema operacional,[33] e os criadores do software (proprietários) relutam em revelar a verdadeira informação representada no código-fonte, descrito em uma das linguagens de programação.[34] É difícil compreender as noções e funções do programa de computador representadas no código-objeto, a menos que se utilize da engenharia reversa, ou resulte compilado o código-fonte, trazendo o conteúdo do código-objeto à condição que reflete, praticamente, o código-fonte original. A seguir, discutir-se-ão as tensões entre os criadores de software (proprietários) e os seus usuários, originadas do desejo destes de obter o código-fonte, dependendo menos do fornecedor do software,

---

[29] Ver Hanneman, 1985:3.
[30] Ver Szymansky et al. (1991). Para uma visão geral sobre a natureza jurídica do software, ver Reed (1996:55-58).
[31] Szymansky et al., 1999:202-225.
[32] Ao contrário do que ocorre com os softwares livres, que são distribuídos com o código-fonte.
[33] Szymansky et al., 1999:208: "Há uma série de programas que controlam e supervisionam o hardware e disponibilizam serviços para (...) o software, programadores e usuários" (tradução livre de: "*[it] is a core set of programs that control and supervise the hardware of a computer and provide services to (...) software, programmers and users*").
[34] Szymansky et al., 1999:226. Linguagem de programação é uma série de comandos escritos que instruem o computador para executar tarefas específicas. Geralmente, é criada no formato de expressões facilmente perceptíveis no idioma inglês.

e da relutância daqueles em disponibilizar a sua tecnologia (*know how*, segredo de negócio, direitos autorais). Em termos mercadológicos, a discrepância entre software produto e software customizado deve ser realçada. Os produtos da primeira categoria são amplamente divulgados e distribuídos, programas destinados a uma ampla gama de usuários finais, ao passo que o produto customizado é especificamente desenvolvido de acordo com necessidades individuais, sendo que tal especificação determina o seu preço, que tende a ser mais alto do que o do software de prateleira.[35]

EVOLUÇÃO

Nos primórdios do desenvolvimento da indústria da informática, o hardware costumava ocupar a posição dominante no mercado. O software era fornecido juntamente com o hardware, por um preço único, não obstante o fato de que o valor do software aumentara para cerca de 40% do preço do sistema de computador.[36] Consequentemente, a maior parte dos softwares comercializados foi desenvolvida por produtores de hardware.[37]

Entretanto, desde os anos 1980, o cenário tem-se modificado radicalmente com o invento dos computadores pessoais, que inauguraram novos horizontes para as companhias que tinham por área principal de atividade o desenvolvimento de software. Ao reverso, o advento de novos softwares, utilizando eficientemente recursos de informática para suprir necessidades pessoais dos usuários (tabelas, processadores de textos, banco de dados etc.), elevou substancialmente a demanda por computadores domésticos, tendo esse "ciclo virtuoso" como corolário a expansão do mercado de software.

Enquanto o software para uso doméstico e propósito científico prevaleceu nos primeiros anos, atualmente os esforços têm sido direcionados para a criação de softwares de aplicação e de sistema para outras áreas (CAD/CAM, gráficos, rede e comunicações). O desenvolvimento de tecnologias de telecomunicação avançada tem sido essencial para o crescimento rápido e emergente

---

[35] Reed, 1996:53.
[36] Lemley e O'Brien, 1997:255-257.
[37] "Tal como os revendedores de carros (...) que costumavam ofertá-los já com os tapetes e com o tanque cheio, os vendedores de hardware incluíam o software a fim de tornar o seu sistema operacional" (ver Burke (1994:1115-1126); tradução livre de: "*Much as car dealers (...) used to throw in floor mats and a full tank of gasoline, hardware vendors would include the software to make their system operational*").

do fenômeno da internet, e de seu papel na nova sociedade da informação,[38] e, em consequência, impulsionado o número de software *houses* voltadas unicamente para as atividades da *web*.[39]

Atualmente, o software como produto evoluiu de aplicativo fornecido juntamente com os computadores para um produto comercial orientado ao usuário final, alastrando-se, assim, drasticamente por todos os segmentos da sociedade. Estatísticas mostram que a indústria de software, particularmente na área de software de prateleira, vem rapidamente crescendo e se tornando mais importante.[40] Em geral, mercados para os produtos de software podem ser caracterizados como altamente dinâmicos e inovadores, requerendo esforços e investimentos substanciais de seus criadores a fim de se manterem competitivos e acompanharem o passo do progresso tecnológico.

Novos perfis do software; introdução aos conceitos de compatibilidade e externalidade de rede; efeitos da padronização

O fator econômico específico da externalidade de rede subjacente aos mercados de software e no direcionamento de um produto específico para a "padronização de fato" fomenta questões respeitantes aos potenciais efeitos sobre a concorrência e inovação nesses mercados. Ao mesmo tempo que o tratamento antitruste dado ao padrão privado é de suspeição, e a alternativa preferencial é a adoção do padrão aberto, exsurgem dificuldades no campo da propriedade intelectual, que confere proteção ao software.

EXTERNALIDADES DE REDE NA INDÚSTRIA DE SOFTWARE

O valor das externalidades de rede da aplicação de um produto em particular reside em sua habilidade de facilitar a comunicação e a interação entre os consumidores usuários desse produto ou, conforme assinalado por Lemley, "o benefício de um comprador é o acesso de outro comprador".[41] Por exemplo, não há grande valor para um consumidor ter um telefone celular se somente ele tem um aparelho desse tipo, conquanto, em razão disso, ele não consiga se comunicar. Ao reverso, o crescimento do número de usuários de telefones celulares faz

---
[38] Ver Lloyd, 1997:1-50.
[39] US Department of Commerce, 1999:5-8.
[40] Ver OECD, 1998:4-10, estimando que o mercado de software produto gira em torno de $ 109,3 bilhões, em 1996, e espera-se o dobro para 2002 ($ 221,9 bilhões).
[41] Lemley, 1998:479-489.

expandir a sua rede instalada e, dessa forma, aumenta o seu valor. São exemplos típicos de produtos com externalidade de rede aparelhos de fax, telefones, *modens*, cartões de rede etc. Esse perfil específico de redes de comunicações torna essencial a exigência de padronização e interoperabilidade entre diferentes fornecedores, capacitando as companhias a se manterem competitivas.

No que tange aos produtos de software, o seu valor também se eleva com o aumento do número de seus usuários. Entretanto, diferentemente do que ocorre com produtos com forte externalidade de rede (telefone, por exemplo), o valor de um produto singular não resulta diminuído. Um programa singular pode realizar todo o espectro de tarefas e operações desejadas por um usuário, independentemente da utilização do mesmo programa por outros usuários.[42] Mas, quando um produto se torna popular em razão de sua larga base instalada, o desenvolvimento de softwares de aplicação compatíveis se torna mais desejável.

A disponibilidade de um grande número de aplicativos compatíveis fortalece a demanda pelo produto original, simultaneamente aumentando o seu valor e, possivelmente, resultando no efeito da retroalimentação positiva.[43] Como consequência das preferências do consumidor, da larga base instalada e do grande número de aplicações compatíveis, o produto pode ocupar a posição dominante no mercado, vale dizer, tornar-se um padrão "de fato".

A depender das circunstâncias fáticas, os efeitos das externalidades de rede podem variar. Onde há padrão aberto e a interoperabilidade é relativamente fácil de se alcançar, as externalidades de rede podem ter retornos positivos no sentido de estimular a concorrência e rarear as barreiras à entrada de novas tecnologias. Ademais, se o mercado é mais bem suprido por uma única especificação, os efeitos de rede, ao estimularem a tendência na direção desse padrão, podem ser elementos positivos no processo, na ausência de custos de transação para a adoção, em particular, de tal especificação.[44]

Por outro lado, as externalidades de rede podem suscitar algumas controvérsias. Primeiro, a partir do momento em que um produto adquire popularidade inicial, os seus proprietários podem manipular os efeitos de rede

---

[42] Por exemplo, no Excel, da Microsoft, um único usuário pode realizar cálculos eletrônicos em seu computador.
[43] Salop e Roweine (1999:617-621), referindo como exemplo o novo produto Palm Pilot da 3Com, cuja crescente popularidade estimulou os criadores de software a desenvolver aplicações compatíveis.
[44] Lemley, 1998:497.

para excluir os concorrentes.[45] Segundo, os detentores de posição dominante com efeitos de rede podem, efetivamente, estender seu poder de mercado para mercados secundários de produtos semimanufaturados ou de serviços técnicos de manutenção.[46] Terceiro, o produto que, através das externalidades de rede, adquirir o *status* de padrão "de fato" pode se tornar, possivelmente, abaixo do ideal em termos de desenvolvimento tecnológico. Por fim, os proprietários de tal produto, titularizando interesses proprietários, podem restringir o desenvolvimento de produtos compatíveis e interoperacionalizáveis, desestimulando, assim, a concorrência.[47]

Nesse sentido, os criadores do software, valendo-se de seu pioneirismo e dos efeitos de rede, juntamente com os direitos de propriedade intelectual, podem obter a posição de padrão "de fato", a qual afeta a concorrência, ensejando preocupações de natureza antitruste. O caso da Microsoft é elucidativo acerca dos pontos críticos da interseção entre as leis antitruste e de propriedade intelectual, no contexto específico da padronização.[48]

PADRONIZAÇÃO

Outro importante elemento do perfil particular da indústria de software é a tendência à padronização de um produto. Padrões destinam-se a uma variedade de propósitos, principalmente como meios de facilitar a interatividade, reduzindo ineficientes variedades de produtos, assegurando compatibilidade, ou servem como critérios de avaliação.[49] Por exemplo, as palavras são os padrões

---

[45] Katz e Shapiro (1994:93, 107) conceituam essa ideia de efeitos de *market tipping*, significando a "tendência natural à padronização de fato, o que quer dizer que todos usam o mesmo sistema. Em razão dos fortes elementos de *feedbacks* positivos, os sistemas de mercados pendem a *tipping*, quando um sistema se afasta dos seus rivais, em termos de popularidade, tão logo acumule uma pequena vantagem" (tradução livre de: "*natural tendency toward de facto standardization, which means everyone using the same system. Because of the strong positive-feedback elements, systems markets are especially prone to 'tipping', which is the tendency of one system to pull away from its rivals in popularity once it has gained an initial edge*").
[46] Eastman Kodak Co. v. Image Technical Services Inc., 504 U.S. 421 (1992).
[47] Shapiro, 1999:673-678.
[48] Ver adiante o item sobre o caso Microsoft.
[49] Um padrão foi definido pelo National Standards Policy Advisory Committee como: "Uma série determinada de regras, condições ou requerimentos que se refere a definições de termos; classificação de componentes; especificação de materiais, desempenho ou operações; delineação de procedimentos; ou mensuração da quantidade e qualidade nos referidos materiais, produtos, sistemas, serviços, ou práticas" (ver National Standards Policy Advisory Committee, 1978:6; tradução livre de: "*A prescribed set of rules, conditions, or requirements concerning definitions of terms; classification of components; specification of materials, performance, or operations; delineation of procedures; or measurement of quantity and quality in describing materials, products, systems, services, or practices*").

da comunicação, ou as interfaces de conexão do computador são os padrões da compatibilidade.

De maneira geral, há duas formas através das quais se pode estabelecer a padronização: órgãos regulamentadores públicos e privados.[50] Os órgãos públicos, no que tange aos padrões e à adesão corporativa, geralmente se preocupam com o aspecto do bem-estar social, em que a necessidade de adesão estrita é essencial. Por exemplo, os padrões de saúde e segurança instituídos pela FDA, ou os padrões de interconexão entre os satélites de rede estabelecidos pela FCC.[51] Em outros casos, na ocorrência de padrões conflitantes, o governo pode identificar o mais apropriado e fixá-lo como o padrão oficial.

Em certas circunstâncias, a padronização pública revela-se preferível. Entretanto, a discricionariedade administrativa do governo o deixa suscetível à influência externa ("captura" e "agência" no jargão econômico) e ao perigo da lentidão burocrática. Além disso, a falta de flexibilidade no aperfeiçoamento do padrão adotado, caso este venha a se mostrar ineficiente ou abaixo do ideal, demanda críticas, tendo em vista a velocidade de desenvolvimento de uma indústria como a de software.[52]

Em consequência, um método alternativo de padronização pode ser alcançado através dos órgãos privados de regulamentação de padrões ou de esforços conjuntos de grupos de participantes do mercado.[53] Em comparação com o estabelecimento público de padrões, os mecanismos privados de padronização são mais prósperos, no sentido de mais agilidade em responder ao mercado e, em certas circunstâncias, com maior eficiência. Nas indústrias de alta tecnologia, nas quais a exigência de interoperabilidade constitui-se em fator fundamental, vez que rápida é a velocidade das inovações, os padrões privados podem ter efeitos pró-competitivos.[54] Uma vez que as companhias participantes do processo de padronização são atentas às forças do mercado (rentabilidade, eficiência e competitividade), a probabilidade do desenvolvimento de padrões ineficientes é menor. Ainda, a reação às transformações e a transferência de novas informações aos mercados e usuários podem ocorrer rapidamente, reduzindo, assim, os custos de transação.

---

[50] Ver Gates, 1998.
[51] Lemley, 1997a:1041, 1061.
[52] Id., ibid., p. 1052.
[53] Gates, 1998:589.
[54] Ver, por exemplo, a aprovação do consórcio de patentes do MPEG-II (U.S. Department of Justice, 1998).

Por outro lado, os órgãos privados de padronização são, frequentemente, submetidos ao exame antitruste.[55] Valendo-se de exigências de compatibilidades e da proteção de direitos proprietários, os integrantes do consórcio instituidor do padrão podem impor, artificialmente, barreiras significativas à entrada de novas tecnologias. Desse modo, nada impede que as autoridades antitruste identifiquem tal procedimento como ato de concentração horizontal entre agentes econômicos, que visam à exclusão de outros concorrentes.

Então, a alternativa possível, para a instituição de padrões, é a adoção do padrão aberto. O padrão aberto contém informações referentes à especificação de produtos disponíveis ao público (ou, pelo menos, não exclusivas), e qualquer companhia torna-se apta a desenvolver tecnologias compatíveis ou produtos correspondentes com o padrão estabelecido. Os benefícios da adoção do padrão aberto podem ser vistos através de seu potencial de reduzir os efeitos de *market tipping*,[56] diminuindo, assim, as barreiras à entrada de novos produtos e tecnologias, estimulando a concorrência no mercado de produtos compatíveis e interoperacionalizáveis (*intra-standard market competition*).[57] Do ponto de vista do bem-estar do consumidor, o padrão aberto é benéfico, vez que as companhias com produtos similares concorrentes estarão competindo por inovações, melhor prestação de serviços ou preços mais baixos. Os exemplos típicos de padrões abertos são a tecnologia Java, desenvolvida pela Sun, ou o protocolo TCP/IP da Arpanet, e ambos implicam a presença de uma vasta série de produtos que sustentam tal especificação. Nesse sentido, em termos de regulação antitruste, os padrões abertos são extensamente preferíveis aos padrões proprietários. Entretanto, a existência de leis de propriedade intelectual dificulta a concretização dessa preferência.

---

[55] Ver Federal Trade Commission, 1995.
[56] Ver n. 45.
[57] A noção específica acerca dos benefícios dos padrões abertos, em oposição aos padrões proprietários, pode ser vista nas especificações do padrão VLB, definidas pela VESA. W. Baer, diretor do Departamento de Concorrência da FTC, assinalou que "a espontânea definição de padrão, nas indústrias de alta tecnologia, resulta na compatibilidade entre os produtos, o que confere aos consumidores um amplo leque de escolhas (...) Os padrões abertos beneficiam, também, os consumidores, porque podem ser usados por todos sem custo" (ver n. 55; tradução livre de: "*Voluntary standard-setting in high tech industries results in greater compatibility among products, which in turn gives consumers a broader range of choices (...) [O]pen, industry-wide standards also benefit consumers because they can be used by everyone without cost*").

EXTERNALIDADES DE REDE E COMPATIBILIDADE

A compatibilidade[58] entre softwares diversos exige uma análise mais detalhada, porquanto anuncia implicações importantes para a regulação antitruste.[59] A compatibilidade permite que diferentes produtos interajam ou se comuniquem pela utilização de interfaces comuns.[60] Os produtos de software geralmente possibilitam a compatibilidade reversa,[61] necessária para facilitar a comunicação entre diferentes aplicações de software. Eles mantêm os incentivos à consecução de compatibilidades ainda maiores, de modo a desenvolver e comercializar aplicações tanto competitivas quanto complementares.[62] A ampliação da base de compatibilidade, da mesma forma, constitui fato importante, trazendo novos consumidores à rede de usuários existentes.

Embora a história processual envolvendo software demonstre que a tendência é de favorecimento da compatibilidade[63] em mercados com externalidades de rede, os titulares de interesses proprietários, sobre o produto que se torna o dominante ou padronizado, podem prejudicar a concorrência no futuro, pela restrição de interfaces (que estejam abertas) e pela introdução de incompatibilidade. Pode-se argumentar, todavia, que a incompatibilidade tem o condão de estimular a concorrência, pela razão de que, quando os produtos são concorrentes, os proprietários competirão vigorosamente para ver o seu produto ser adotado como o padrão ou se tornar o dominante. Entretanto, tal assertiva faz sentido somente nos primeiros estágios de concorrência, quando os produtos são ainda relativamente novos e nenhum deles foi amplamente adotado. Por outro lado, quando um produto sobressai e se torna o padrão, com larga base instalada de rede, os altos custos de introduzir uma tecnologia incompatível servirão como um fator desincentivador. Em mercados com produtos com forte externalidade de rede, os titulares de interesses proprietários sobre esses produtos aumentarão seus lucros pela prática de preços supracompetitivos e, então,

---

[58] Deve-se notar que a definição de "compatibilidade" é similar à de "interoperabilidade". Ver glossário, no Apêndice.
[59] Para uma discussão mais ampla acerca da compatibilidade, ver Teter (1993).
[60] Ver glossário, no Apêndice.
[61] Ou seja, a versão atual é compatível com as anteriores.
[62] Exemplo do desenvolvimento de produto concorrente é Quattro Pro, da Borland, que implementou a interface compatível com o *Lotus 1-2 eletronic spreadsheet* — Lotus v. Borland, 49 F.3d 815 (1ª Cri., 1995). Exemplo de produto complementar é o desenvolvimento dos cartuchos de jogos para o *playstation* Atari (ver n. 3 e, adiante, o subitem Cláusulas restritivas e o tratamento antitruste).
[63] Ibid.

consolidarão o seu monopólio. Assim, a concorrência é afetada de duas formas: primeiro, as externalidades de rede, sendo um obstáculo *per se* à entrada de novos produtos, aliado ao padrão proprietário que impede a compatibilidade, farão crescer as barreiras, alimentando o perigo da monopolização, com o padrão proprietário fechado. Segundo, com tais fatores afetando o desempenho dos mercados,[64] pode-se alcançar o fenômeno *lock-in* dos usuários às tecnologias existentes, em função dos altos custos de troca e adaptação a novas tecnologias (vale dizer, custos de transferência de dados, treinamento dos usuários etc.). Consequentemente, a transferência para uma nova tecnologia, ainda que superior, eventualmente resultará impossível.[65]

Nesse sentido, a compatibilidade pode ser um fator de melhoria para a neutralização dos aludidos efeitos negativos. Os padrões de compatibilidade (ou padrões abertos) contêm três aspectos, de considerável importância, na estimulação da concorrência. Primeiramente, a compatibilidade reduz, significativamente, os efeitos do "aprisionamento" do usuário, porquanto, na presença de produtos com interfaces compatíveis, os custos de troca e adaptação à nova tecnologia serão limitados, quase exclusivamente, ao preço da nova tecnologia e ao aprendizado dos diferentes conceitos que esta possa propor. Em segundo lugar, o padrão aberto estimula a concorrência no mercado de produtos compatíveis e interoperáveis, havendo a concorrência pelo lançamento de inovações (*i.e.*, melhor performance). Por fim, em razão dos rigores da concorrência permanente (a presença de diversas companhias lançando produtos substitutos em um mesmo mercado), a concorrência dinâmica, na forma de crescente taxa de inovação, também resultará robustecida.

Ainda, em termos de política concorrencial, a compatibilidade entre produtos com forte externalidade de rede, bem como a padronização aberta, parece ser um escopo desejado para a política antitruste, de modo a preservar a concorrência e estimular a inovação. Assim, os objetivos da regulação antitruste podem convergir gradualmente, tendo em vista as recentes tendências dos litígios, sobre a matéria, em favorecer a abordagem pró-compatibilidade, e, em

---

[64] Particularmente, concentração no lado do comprador. Para externalidades de rede, ver Katz e Shapiro (1985).
[65] Deve-se notar que a teoria do *path dependence*, a qual, de certa forma, é superposta à noção de externalidades de rede, contribui para a explicação dos efeitos *lock-in*. A sua ideia básica é a de que alguns eventos históricos, sem relevância hoje, ainda exercem influência no processo de tomada de decisão. Entretanto, em razão da limitação deste trabalho, não se faz a análise das implicações legais dessa teoria. Para uma abordagem econômica, ver Brian (1989) e Liebowitz e Margolis (1995).

certas circunstâncias, tal posicionamento antitruste poderá opor barreiras aos direitos de propriedade intelectual. Todavia, em que pese a conveniência dessa abordagem, os proprietários de tecnologia de software, valendo-se de seus direitos de propriedade intelectual e pela imposição de licenças restritivas, vêm alcançando resultados anticoncorrenciais. Ainda assim, a intervenção antitruste é claramente delimitada.

A proteção do software pelas leis de propriedade intelectual

Dada a natureza digital do software, que o torna suscetível à fácil apropriação, imitação e distribuição, mecanismos correspondentes de proteção legal, licença e distribuição têm sido desenvolvidos.[66] Enquanto a anterior legislação tradicional de contratos e de segredo de negócio oferecia proteção suficiente, em razão das relações contratuais próximas entre vendedor e usuário do computador, e da pequena frequência das transações de transferência de tecnologia, atualmente os instrumentos de proteção legal, de licença e distribuição representam uma complexa mistura das leis de patente, direitos autorais e segredo de negócio,[67] dando azo a questões delicadas nas áreas de propriedade intelectual, antitruste e contratual.

SEGREDO DE NEGÓCIO

Uma das formas básicas de fornecer proteção jurídica é através do segredo de negócio. Embora possa variar a legislação, as atuais leis de segredo de negócio apresentam-se relativamente uniformes, sendo determinadas, nos Estados Unidos, por duas fontes principais: Restatement of Torts e Union Trade Secret Act.[68]

O software, em virtude da inovação e singularidade, pode ser juridicamente protegido através das leis de *trade secrets* ou segredo de negócio.[69] Na determinação da disponibilidade e da extensão da proteção conferida por esse mecanismo, os tribunais têm-se referido a fatores tais como o valor dos investimentos e esforços realizados no desenvolvimento de uma informação, a

---

[66] Samuelson et al., 1994.
[67] Reichman, 1994.
[68] Restatement (First) of Torts §757 (1939), 14 U.L.A. 438 (1990). Ver também Restatement of Unfair Competition §39 (1995).
[69] *Trade secret* é definido como "qualquer fórmula, modelo, dispositivo ou série de informação utilizado em negócio e que concede ao seu titular a oportunidade de obter vantagem sobre os concorrentes que não o possuam ou o utilizem" (Restatement of Unfair Competition, 1995; tradução livre de: "*any formula, pattern, device or compilation of information, which is used in one's business and which gives him an opportunity to obtain an advantage over competitors who do not have it or use it*").

amplitude da divulgação da informação, tanto internamente (para empregados e outros envolvidos no negócio) quanto externamente (para potenciais concorrentes), a extensão das medidas tomadas a fim de proteger a informação e a facilidade de aquisição ou duplicação de tal informação.[70]

De modo a obter a proteção jurídica pelo mecanismo do segredo de negócio, o produtor do software não necessita incorrer em custos elevados na salvaguarda da informação, pois o que se requer, geralmente, é a adoção de medidas que confiram à informação um razoável grau de confidencialidade.[71] Os tribunais, em casos de apropriação indevida, têm focado, principalmente, as relações entre as partes e a conduta destas, a possibilidade de a informação se tornar pública e o grau de similaridade entre os dois produtos. Nos contratos de licença, especialmente os que tenham por objeto o software customizado, há cláusulas restritivas acerca da divulgação das informações transferidas. Entretanto, com a ampla distribuição e venda, seja de software de prateleira ou do software incorporado ao hardware, a ausência de cláusulas restritivas da disseminação das informações implica a possibilidade de desenvolver um produto concorrente por meio da engenharia reversa ou da decompilação.[72]

Os métodos práticos de controle do fluxo de informações secretas podem ser divididos em dois grupos: primeiro, medidas técnicas (*i.e.*, criptografia) que evitem o uso desautorizado; segundo, restrições contratuais acerca da transferência, venda, modificação, adaptação e cópia do software (exceto para fins legítimos — *backup*).[73] Tais restrições atuam como provas da diligência dos criadores de softwares, a fim de preservar a confidencialidade nas relações com consumidores e licenciados. Quanto mais custosa a proteção jurídica (derivada dos custos de transação), maior o incentivo ao investimento em medidas técnicas de proteção.

Não obstante a ausência de especificações referentes a duração, o segredo de negócio pode tornar-se ineficiente em vista do desenvolvimento de produtos competitivos por criadores de softwares independentes. Além disso, mesmo que não haja criadores de produtos concorrentes ou de tecnologia similar, a

---

[70] Scheinfield e Butter, 1995:381, 385.
[71] Id., ibid, p. 390.
[72] Ver Secure Service Technology v. Time & Space Processing Inc., 722 F. Supp. 1354 (1989), em que um concorrente, o réu, estudou minuciosamente o produto do autor, e a Corte assinalou que o *handshake protocol* poderia ser facilmente identificado por engenharia reversa do software de segurança da máquina, que havia sido vendida e, após, comprada sem restrições.
[73] Reidenberg, 1985:679, 685.

tendência à divulgação posterior da informação levaria, eventualmente, à diminuição nos níveis de confidencialidade.

Outro problema é a suposição de que o criador do software deveria distribuir menos cópias, de maneira a controlar a disseminação da informação confidencial. Isso até poderia ser concretizado em se tratando de software customizado, mas no caso de software de prateleira, tal opção se mostra de difícil implementação. Contudo, no sentido de elevar ao máximo possível o nível de proteção, as transações envolvendo tecnologia de software implicariam, para além da proteção do segredo de negócio, conjuntamente, a proteção de outras áreas da propriedade intelectual (patentes e direitos autorais).

PATENTES

Em razão de sua natureza, a patente confere ao seu titular o monopólio por um período de tempo determinado.[74] O Patent Act dos Estados Unidos confere ao titular da patente direitos exclusivos, facultando-lhe proibir, pela via judicial, qualquer outro indivíduo de usar, vender, produzir ou importar, sem autorização, o produto objeto de proteção.[75] Ao contrário do segredo de negócio, há proteção no caso de a invenção ter sido desenvolvida de maneira independente. As altas indenizações obtidas nos processos judiciais, em virtude de violação à patente, podem servir como um fator desestimulante para a produção independente, por haver risco de infração em relação a software pré-existente.[76] Assim, tal combinação de fatores torna a proteção patentária um instrumento atrativo — e ao mesmo tempo perverso — de preservação dos direitos de propriedade intelectual.

A seção 101 do Patent Act dos Estados Unidos esclarece que "todo processo, máquina, manufatura, ou composição do objeto, desde que sejam novos e úteis, ou qualquer melhoria nova e útil, proveniente dos anteriores", é considerado objeto patenteável — desde que respeite as condições e requisitos daquele título da lei. De forma a receber a proteção da patente, a invenção deve preencher os requisitos de novidade, não obviedade e utilidade. Não obstante a presunção fundamental de que todo processo é passível de proteção patentária, no passado os tribunais dos Estados Unidos relutaram em conceder proteção

---

[74] Cornish, 1996, cap. 5-8.
[75] Patent Act 35 U.S.C. §101.
[76] Cornish, 1996, cap. 6, p. 207-228.

a softwares, vez que identificavam o programa de computador como a mera compilação de algoritmos matemáticos que existem independentemente de sistema funcional.[77]

A "doutrina da preempção", segundo a qual a invenção se torna não patenteável se utilizar fórmula matemática ou algoritmo, foi introduzida em Gottschalk v. Benson e, mais tarde, desenvolvida em Parker v. Flook, situação na qual a Suprema Corte dos Estados Unidos assinalou que a mera adição de um ato óbvio e convencional a um programa de computador, repetindo fórmula matemática, não lograria a proteção patentária da invenção baseada em tal programa.[78] Mais tarde, o United States Patent and Trademark Office (USPTO), que é o escritório responsável pelo registro de marcas e patentes naquele país, bem como os tribunais, considerando a reivindicação da patente no todo, adotaram o teste FWA, que define a importância do uso do algoritmo na invenção e permite a concessão da patente se o programa de computador aportar significativa *post-solution activity* (ou atividade pós-solução). No caso Beauregard, o tribunal não considerou o programa de computador, contendo software em um disquete, um "artigo de manufatura", e as *Diretrizes de exame para invenções relacionadas a computador* sustentaram tal posição, afirmando que programas de computador contendo caracteres descritivos abrigados em um instrumento não são patenteáveis.[79] A fim de se tornar patenteável, um programa de computador necessita de funcionalidade, passível de identificação no invento.

Entretanto, em casos recentes envolvendo reivindicação de "estrutura de dados", tem havido a concessão de patentes a softwares contendo bancos de dados e sistemas de informação que apresentem relações funcionais com processos e, em um caso de 1998, State Street Bank v. Signature, um tribunal federal dos Estados Unidos, ao afastar o teste FWA, concluiu, com base em outro julgamento anterior, que, uma vez que uma invenção tiver produzido um "resultado útil, concreto e tangível", resultará patenteável.[80]

Ademais, a história legislativa e jurisprudencial, juntamente com as *Diretrizes* do USPTO, sugere que, se a ideia subjacente ao software satisfizer as exigências de novidade e utilidade, cujo relatório deverá descrever clara e

---

[77] Diamond v. Diehr, 450 US 175 (1980).
[78] Gottschalk v. Benson, 409 U.S. 63 (1972); Parker v. Flook, 437 U.S. 584 (1978).
[79] USPTO, s.d. In Re Beauregard, 53 F.3d 1583 (Fed. Cir. 1995).
[80] State Street Bank & Trust Co. v. Signature Financial Group, Inc., 149 F.3d 1368, 47 U.S.P.Q.2d (BNA) 1596 (Fed. Cir. 1998), cert. denied, 67 U.S.L.W. 3302 (U.S. Jan. 11, 1999).

suficientemente o objeto do pedido da patente, obterá êxito na concessão da patente. Em suma, a patente é um valioso instrumento a serviço dos criadores de software, especialmente daqueles customizados, nos quais o proprietário da tecnologia pode, através do contrato de licença, manter o controle sobre a atividade do licenciado.[81]

DIREITO AUTORAL

Talvez a forma mais completa de proteção à propriedade intelectual seja através do direito autoral.[82] Sujeito a exigências mínimas de originalidade, no sentido de que o produto deva ser desenvolvido independentemente, o direito autoral adere automaticamente a qualquer instrumento tangível — ou intangível, conforme, neste caso, a lei brasileira. Conforme a lei dos Estados Unidos, o seu titular possui direitos exclusivos de reprodução, distribuição, transmissão pública e elaboração de obras derivadas.[83]

Um dos princípios fundamentais do direito autoral é que a proteção abrange, tão somente, a expressão original do autor, não as suas ideias, garantindo-se, assim, iguais direitos aos autores independentes. Em caso de infração aos direitos autorais, ocorrida exclusivamente com o propósito de uso privado, pesquisa ou crítica, aquele que a ela deu causa exime-se da responsabilidade, em virtude da doutrina do *fair use*, ou uso justo, conforme previsto na legislação dos Estados Unidos. Além disso, o Digital Millenium Copyright Act (DMCA), adotado em 1998 nos Estados Unidos, autoriza o instrumento da engenharia reversa, a fim de se promover a interoperabilidade com o programa.[84]

De modo a configurar a infração aos direitos autorais, o seu titular deve provar que o ofensor copiou uma parte substancial do objeto da proteção.[85] Entretanto, em relação ao software, o ponto fundamental do debate e da discussão em juízo tem recaído sobre a dicotomia ideia/forma de expressão, para se definir se se perpetrou ou não a violação.[86]

---

[81] Ver Schlicher, 1996.
[82] Ver Cornish (1996, parte IV) e Lloyd (1997:235-301).
[83] 17 U.S.C §101.
[84] Digital Millenium Copyright Act 17 U.S.C. §12. Ver também The US Copyright Office Summary, 1998; Sega v. Accolade, 977 F 2d 1510 (9th Cir., 1992).
[85] Ver Lloyd, 1997:322-330.
[86] Ver Whelan v. Jaslow, 797 F 2d 1222 (3rd Cir., 1986); Lotus v. Paperback, 740 F. Supp. 37 (1990). Para a discussão acerca do desenvolvimento histórico da lei dos direitos autorais, ver Lemley, 1997c.

A proteção do software que é literalmente copiado fica assegurada, no intento de combater a contrafação.[87] Contudo, ao longo do tempo, a casuística tem dado interpretação discrepante à proteção do software não literalmente copiado. Nos primeiros casos, os tribunais dos Estados Unidos estabeleceram a visão de que somente a duplicação do código-fonte do programa de computador constituiria violação, sugerindo, desse modo, que o objeto da proteção era, tão somente, o conteúdo do código-fonte.[88] Todavia, no caso Whelan v. Jaslow, foi ampliada a proteção à estrutura do programa, determinando, em primeiro lugar, a abstração da ideia, e, depois, concluindo que tudo o que estiver fora do âmbito da ideia é considerado "expressão" e, então, objeto de proteção do direito autoral.

Em casos subsequentes, ao reverso, a ampla definição dada no caso Whelan ficou limitada. A fim de determinar a possibilidade de proteção do software, o tribunal, no caso Altai, desenvolveu a noção da "separação analítica" ou o teste da *filtration-abstraction-comparison* (filtragem-abstração-comparação), pelo qual há a identificação clara dos elementos de funcionalidade e expressão, na verificação do grau de similaridade.[89] Não obstante os tribunais terem aplicado essa noção, não se chegou a resultados consistentes.[90] Em caso posterior, Lotus v. Borland, afastou-se a noção desenvolvida no caso Altai, definindo a estrutura hierarquizada do menu da Lotus como não passível de proteção pelo direito autoral, como "método ou aplicação", sob o título 17, do US Code, §102(b).[91] Parece que a interpretação restritiva dada pelo tribunal, acerca da cópia não literal, no caso Lotus v. Borland, sugere a limitação dos aspectos funcionais do software original. Entretanto, fica obscuro até em que grau a dicotomia ideia/expressão e a abstração podem ser usadas na determinação da funcionalidade da obra protegida.

---

[87] Ver a página antipirataria da Software Publishers Association (<www.spa.org/piracy/default.htm>).
[88] Apple Computer Inc. v. Franklin Computer Corp., 714 F 2d 1240 (3rd Cir., 1983); Williams Elec. v. Artic Int'l Inc. 685 F 2d 870 (3rd Cir., 1982).
[89] Computer Associates Inc. v. Altai Inc., 982 F 2d 683 (2nd Cir., 1992).
[90] Ver Lemley (1997c:20-25), discutindo a aplicação, pelos tribunais, do Altai em diversos casos.
[91] O tribunal rejeitou o teste Altai com base em: "embora o teste Altai possa conferir útil estrutura para determinar o código do computador, nós o vislumbramos como pouco eficaz para verificar se a cópia da hierarquia dos comandos do menu constitui contrafação" — Lotus Dev. Corp. v. Borland Int'l, 49 F 3d 815, 827 (1st Cir., 1995); (tradução livre de "*[w]hile the Altai test may provide useful framework for assessing the computer code, we think it of little help in assessing whether the copying of a menu command hierarchy constitutes infringement*").

Pode-se concluir que, ao longo do tempo, a proteção de software nos Estados Unidos pela lei de direito autoral, diferentemente da proteção patentária, demonstra uma tendência à limitação de seu âmbito de proteção, iniciando-se pela ampla definição do objeto do direito autoral, como no caso Whelan v. Jaslow, e culminando no seu estreitamento, como em Lotus v. Borland. Ao reverso, a casuística patentária registra que há clara tendência ao considerável abrandamento das restrições impostas nos primeiros estágios de desenvolvimento das leis de patentes. Entretanto, é descabido presumir que a proteção patentária desbancará a proteção autoral. É de se notar, em vez disso, que os âmbitos de proteção das patentes, do direito autoral e do segredo de negócio coexistirão complementarmente, cada um incidindo sobre diferentes aspectos do software. O histórico da casuística de violação de patentes, segredo de negócio e direito autoral aponta uma tendência à gradual convergência dessas formas de proteção, embora, atualmente, resulte difícil delimitar qual a extensão da proteção conferida por cada modalidade.

A proteção pelo direito autoral e pelo segredo de negócio poderá recair sobre os aspectos não patenteáveis do software, ao passo que as patentes continuarão a conceder larga proteção a certos elementos novos, separados e tecnicamente funcionais do sistema de computador.[92] Uma bem-esboçada combinação desses fatores proporciona um alto grau de proteção no caso de transferência de tecnologia de software. Ao mesmo tempo que tal abrangência triangular garante ao titular do direito de propriedade intelectual crescente rentabilidade, ela serve como um instrumento de imposição de excessivas restrições ao acesso e disponibilidade das informações, o que não se encontra sob o manto protetor de cada um desses setores legais, individualmente considerados.[93] Assim, o âmbito triangular de proteção capacita o titular de interesses proprietários, em matéria de software, a ampliar o monopólio a áreas não abrangidas pelo campo individual de cada uma das leis de propriedade intelectual.

---

[92] Ver Lemley e O'Brien (1997), em que os autores descrevem a tendência à patenteabilidade do software, ao arguir que a proteção patentária se mostra melhor para o aspecto funcional do software. Ver também Summer (1995).

[93] Nesse contexto, exsurge uma importante questão: quando da aprovação da base legislativa para as leis de propriedade intelectual, concluiu o Congresso que uma criação de arte ou científica poderia ser protegida por diferentes seções da lei? Possivelmente não. Infelizmente, a consideração detalhada dos méritos desse argumento ultrapassa os limites desta discussão.

Interseção

Licença de software e direito antitruste

A licença de software

Praticamente toda transação de transferência de tecnologia recai sobre a licença de propriedade intelectual.[94] Conforme previsto no caso General Talking Pictures v. Western Electric, o contrato de licença permite ao titular da propriedade intelectual realizar o que, de outra forma, seria considerado violação de direitos exclusivos.[95] A demanda por tecnologia da informação é determinada pelas forças do mercado, mas os preços e os termos da licença de direitos a tal informação não podem ser, simplesmente, definidos pelo mercado de direitos. Dessa forma, em razão da singularidade do complexo sistema de direitos proprietários criado, o que tem conduzido a dificuldades na avaliação dos verdadeiros preços e benefícios desse mercado, a licença cria a combinação de direitos que mais eficientemente aproveita a inovação.[96]

De outra parte, há sempre a questão do crescente poder de barganha do cedente da licença, que procura beneficiar-se ao máximo com a exploração da tecnologia, e a posição do licenciado, o qual tem de aceitar termos eventualmente desiguais, a menos que haja um mercado de produtos substitutos.

Em função da natureza justapositiva do software, pelo âmbito triangular de proteção, combinando segredo de negócio, patentes e direito autoral, o licenciante pode alcançar a posição dominante. Há diversos fatores que afetam direta ou indiretamente a concorrência nos mercados de tecnologia de software, entre os quais estão os contratos regulados pelos direitos de propriedade intelectual.[97]

Geralmente há duas categorias de licença — não exclusiva e exclusiva. As licenças da primeira categoria simplesmente transferem certos direitos

---

[94] Schlicher, 1996:2.
[95] General Talking Pictures Co. v. Western Electric Co., 304 U.S. 175, 181 (1931). "A Transformer Company era mera licenciada sob licença não-exclusiva, significando não mais do que a renúncia do direito de processar" — novo interrogatório, 305 U.S. 1241 (1938); (tradução livre de: "*The Transformer Company was a mere licensee under a non-exclusive license, amounting to no more than a mere waiver of the right to sue*").
[96] Schlicher, 1996:3-4.
[97] Ver Lemley, 1999b.

necessários ao uso normal do programa. Já a licença exclusiva significa a transferência da posse do direito autoral, ainda que limitado no espaço e nos efeitos, e, no mais das vezes, refere-se ao software customizado.[98] O licenciado não poderá distribuir uma cópia sem prévia autorização do titular do direito autoral, vez que possui a cópia, não o direito de dispor desta. Além de estabelecer as aludidas limitações acerca da transferência da posse, o licenciamento de software deve perscrutar por mais restrições, o que reside na interseção entre a propriedade intelectual e as leis antitruste.

Cláusulas restritivas e o tratamento antitruste

RESTRIÇÕES À DISPONIBILIDADE DO CÓDIGO-FONTE

A primeira restrição é derivada do fato de que os softwares proprietários são distribuídos em código-objeto. As leis de segredo de negócio conferem proteção ao licenciante, eximindo-o de revelar as informações contidas no código-fonte.

Entretanto, os receptores do software mostram-se propensos a protegê-lo contra eventos negativos inesperados. Por exemplo, caso o licenciante descumpra o contrato de licença ou vá à falência, o licenciado necessita assegurar-se da continuidade e funcionalidade do software instalado. Tal segurança pode não ser de grande importância para o usuário final do software de prateleira. Contudo, sem dúvida torna-se questão relevante quando se trata de software customizado, em que procedimentos posteriores à instalação, melhorias e modificações podem ser capitais para o efetivo aproveitamento do software.

A resposta específica a esse problema tem sido a previsão de uma cláusula, nos contratos de licença, segundo a qual as partes confiam a um terceiro a revelação do código-fonte do software transferido, sem que o licenciado, no decorrer normal do contrato, tenha acesso a este, e a emenda da seção 375, da Lei de Falências dos EUA.[99] Ao disporem de referida cláusula, as partes convencionam depositar o código-fonte do software transferido, e outras informações relevantes, à confiança de um terceiro. Nesse sentido, o contrato prevê que a ocorrência de certas circunstâncias "dispara" a divulgação do conteúdo do material depositado à parte licenciada.[100] Todavia, em tais circunstâncias o licenciado deve experimentar reais dificuldades no entendimento do código-fonte confiado ao

---

[98] Reed, 1996:57-59.
[99] 11 U.S.C §365. Ver Classen (1996:23-25).
[100] Reed, 1996:69-71.

terceiro, podendo requerer assistência. Ainda, o licenciante pode antecipar o conteúdo do código-fonte, passando a disponibilizá-lo, mesmo não ocorrendo as referidas hipóteses. Assim, entende-se que, no contrato de licença, deve estar previsto todo tipo de restrição, restando a sua extensão a cargo do poder de barganha dos contratantes.

RESTRIÇÕES À MODIFICAÇÃO

As cláusulas do contrato de licença devem, ainda, versar sobre a capacidade do licenciado para promover alterações no software objeto da licença. As alterações podem ocorrer com o desenvolvimento de melhorias, implantes, localização etc.[101] O conceito de "obra derivada", presente na seara do direito autoral, e que confere ao autor o direito exclusivo de criar obras derivadas de seu trabalho original, quando aplicado a software, pode impedir outros de promoverem modificações e incrementos no produto licenciado.[102] Embora tal conceito tenha sido rejeitado no caso Lewis Galoob Toys v. Nintendo,[103] o licenciamento pode conter claras proibições de alteração pelo licenciado.

Ademais, nos casos em que o código-fonte não seja revelado — a disponibilidade deste tende a ser restrita em função de requisitos de confidencialidade —, o instrumento da engenharia reversa, aplicado ao código-objeto, se faz necessário, a fim de se compreender o seu conteúdo e se desenvolverem modificações funcionais ou incrementos. As restrições contratuais à engenharia reversa podem, dessa forma, causar preocupações antitruste.[104] Se, por um lado, o instrumento da engenharia reversa pode ser considerado *fair use*, e as amplas assertivas do direito autoral foram rejeitadas em Sega v. Accolade, por outro, a combinação de restrições contratuais acerca do procedimento da engenharia reversa e a adoção de medidas técnicas desestimulando a decompilação (*i.e.*, criptografia), juntamente com a recusa de conceder permissões, podem render reivindicações antitruste com base na *essential facilities doctrine*, sendo uma recente definição encontrada no caso MCI Communications v. AT&T.[105]

---

[101] Huber, 1996.
[102] 17 U.S.C. §103.
[103] Lewis Galoob Toys Inc. v. Nintendo of America Inc., 964 F 2d 965 (9th Cir., 1992). Ver também Black e Page (1993).
[104] Ver Laude e Subin, 1996.
[105] MCI Communications Corp. v. AT&T, 708 f2 d 1081, 1132-381 (7th Cir., 1982), cert. denied, 464 US 801 (1983). Para o desenvolvimento histórico da doutrina dos recursos mínimos, ver US v. Terminal Roads Association, 224 US 383 (1912), US v. Colgate & Co. 250 US 300 (1919).

Nesse caso, o tribunal decidiu pela ilegalidade, com base na análise antitruste da *essential facilities doctrine*, da recusa pela AT&T em licenciar a permissão a MCI do serviço de longa distância para se interligar com o seu serviço local.

Entretanto, no caso Atari v. Nintendo, há um conflito aparente entre o direito de excluir terceiros e a recusa a licenciar.[106] O problema é que o titular do monopólio, na posse de sua informação proprietária, não está obrigado a dividi-la com os concorrentes. A extensão desse monopólio, no que tange às patentes, é limitada pelas exigências de divulgação. Entretanto, em termos de direitos autorais, nos formulários de registro, não se requer a divulgação da informação contida no código-fonte. Assim, especialmente nos casos em que o software assume posição dominante no mercado, a extensão do monopólio concedido pode ser ampliada além dos limites usuais. Juntamente com os fatos de crescentes externalidades de rede e da necessidade de interoperabilidade dos produtos concorrentes, a imposição de exigências pelo proprietário de um produto, ou a sua recusa em licenciar ou divulgar a informação, pode restringir e controlar a concorrência. Ademais, resulta relevante notar que a concorrência pode ser prejudicada não apenas no mercado em que o criador do software concorre, mas também no mercado secundário de produtos e serviços complementares.[107] Embora não haja nenhum precedente envolvendo diretamente o software de computador e sua aplicação — objeto de discussão adiante —, a *essential facilities doctrine* parece ser uma candidata qualificada para resolver a controvérsia.[108]

VENDA CASADA E RECUSA À LICENÇA

Por outro lado, outras atividades restritivas, a denominada venda casada e a recusa à licença, podem deixar menos margem à responsabilização antitruste, embora tenham sido consideradas, inicialmente, anticoncorrenciais por si mesmas.[109]

Nos casos de venda casada, o vendedor condiciona o fornecimento de um produto à compra de outro.[110] Os desenvolvedores de software e vendedores geralmente fornecem seus produtos com serviços de manutenção e produtos complementares. As razões por trás dessa aglutinação, conforme alguns

---

[106] Atari Games Corp. v. Nintendo of America Inc., 897 F 2d 1572, 1576 (Federal Circuit, 1990).
[107] Ver Vermut (1997).
[108] Para uma discussão mais detalhada sobre a *essential facilities doctrine*, ver Vermut, 1997.
[109] Seção 1, do Sherman Act, 15 U.S.C. §1.
[110] Ver Morton Salt Co. v. G. S. Suppiger Co., 314 U.S. 488, 491 (1942); Northern Pac. Ry. v. U.S., 356 US 1, 5-6 (1958).

doutrinadores, podem ser o "desestímulo à engenharia reversa, a violação à propriedade intelectual, o aumento da eficiência e da qualidade do produto e a promoção da aceitação, por parte do consumidor, dos produtos conjuntamente oferecidos".[111] Dessa forma, mesmo que a venda casada seja ilegal *per se*, cada caso deve ser reexaminado com base na *regra da razão*, a fim de se determinar se a justificativa pró-concorrencial para a prática da venda casada supera os seus potenciais efeitos anticompetitivos.[112] A Suprema Corte dos Estados Unidos, no caso Jefferson Parish Hospital,[113] ao aplicar a regra da razão, assinalou que a demonstração da presença de quatro elementos torna a prática da venda casada ilegal:

• produtos ou serviços distintos;
• contrato condicionando o fornecimento de um produto à compra de outro;
• poder de mercado no mercado relevante de produtos e serviços;
• o impedimento de considerável porção do comércio interestadual.

Em se tratando de software, as práticas que mais causam preocupações antitruste são as vendas casadas envolvendo serviços de manutenção. O caso Data General v. Grumman destacou a questão, assinalando que a consideração política da proteção da propriedade intelectual supera as reclamações antitruste.[114]

No aludido caso, o autor, um fabricante de computadores, simultaneamente titularizando direitos proprietários sobre o software de diagnóstico para seus equipamentos e fornecendo serviços de manutenção pós-venda aos seus usuários, recusou-se a licenciar a terceiros os serviços de manutenção — o que fora requerido pelos usuários — e utiliza-se do software de diagnóstico para a prestação de tais serviços. Então, o tribunal decidiu que a recusa do fabricante de software em conceder a licença de seu direito autoral constitui-se em conduta presumivelmente justificada: "O titular do direito autoral, se lhe aprouver, pode se furtar a (...) licenciá-lo simplesmente pelo seu direito de excluir terceiros do

---

[111] Hamilton, 1994:701, 705 (tradução livre de: "*discouraging reverse engineering, intellectual property infringement, enhancing the product efficiency and quality, and promoting consumer's acceptance of the tying product*").
[112] Addomax Corp. v. Open Software Foundation Inc., 888 F. Supp. 274 (D. Mass., 1995), em que a Corte, apesar de reconhecer uma alegada prática condicionante, assinalou que "a absoluta complexidade da indústria de computadores adverte contra análises simplistas" (tradução livre de: "*the sheer complexity of the computer industry cautions against per se analysis*").
[113] Jefferson Parish Hospital v. Hyde, 466 U.S. 2 (1984).
[114] Data General Corp. v. Grumman Systems Support Corp., 36 F 3d 1147 (1st Cir. 1994).

uso de sua propriedade."[115] Assim, o tribunal assinalou a existência de diferentes mercados, um referente ao fornecimento de software de diagnóstico e outro aos serviços de manutenção, concluindo que os réus não apresentaram evidências suficientes para sustentar sua posição antitruste.

O caso Kodak v. Image Technical Services, embora não versando sobre sistemas de computador, pode causar impactos significativos nas crescentes tensões antitruste.[116] Ao analisar a existência de mercados relevantes de serviços de manutenção, a Suprema Corte dos Estados Unidos apontou que "o desenvolvimento de toda uma indústria de serviços de alta tecnologia é a evidência da eficiência do distinto mercado de serviço".[117] Dessa forma, a Suprema Corte concluiu pela existência de um mercado separado de serviços e decidiu que a pequena porção do mercado de equipamentos pertencente à Kodak, por si só, não impede o exercício do poder monopolístico no mercado pós-venda de componentes e serviços. Ainda, concluiu a Suprema Corte que alguns consumidores têm sido forçados a trocar, de um terceiro prestador de serviço, para o serviço da Kodak e alguns outros sofrem o efeito do *lock-in* em relação à Kodak, em virtude dos altos custos de mudança e adaptação. Por fim, definiu a Suprema Corte que a Kodak praticava atos exclusivistas no intento de manter o monopólio, e usava o controle sobre os componentes de seus equipamentos para fortalecer o monopólio no mercado de serviços.[118]

A partir das implicações do referido caso, parece que a natureza das relações contratuais entre o fabricante de software e o usuário final ocupa um relevante papel. Em se tratando de um contrato para o desenvolvimento de um software customizado, menor é a possibilidade de um mercado separado para os serviços de manutenção, vez que há elevado nível de interação pós-venda entre o consumidor e o fabricante do software, além do fato de este dispor de bom equipamento para a realização de tal serviço. Assim, a recusa à licença resulta justificada. Ao reverso, quanto menor for o nível de interação entre o fabricante do software e o consumidor, maior é a chance de haver o mercado

---

[115] Data General Corp. v. Grumman Systems Support Corp., 36 F 3d 1147 (1ª Cir. 1994:1187) (tradução livre de: "*[T]he owner of the copyright, if it pleases, may refrain from (...) licensing and consent with simply exercising the right to exclude others from using his property*").
[116] Eastman Kodak Co. v. Image Technical Services Inc., 504 U.S. 451 (1992).
[117] Ibid., p. 473 (tradução livre de: "*the development of the entire high-technology service industry is the evidence of the efficiency of a separate market fo service*").
[118] Katz, Hand e Snyder, 1997.

separado de serviços. Por exemplo, na venda de software de prateleira, que é amplamente distribuído, há grande probabilidade de existirem mercados separados e companhias prestando serviços de manutenção e/ou aprimoramento, ajudando os usuários a tirar melhor proveito das funcionalidades do software, bem como prestando assistência quando necessário. Assim, com base no caso Kodak, as investidas anticoncorrenciais a fim de monopolizar esses mercados serão consideradas mais imoderadas.

Conclusões

Não obstante as restrições na disponibilidade do código-fonte e as restrições na modificação do software estarem protegidas pelos direitos de propriedade intelectual, os tribunais norte-americanos têm admitido que, em certas circunstâncias, o posicionamento antitruste pode ser o de limitar o exercício desses direitos quando se condicionar o fornecimento de um produto à compra de outro não patenteado.[119] As dificuldades exsurgem, contudo, na aplicação do exame antitruste às alegações de monopolização do mercado secundário.

Ambas as práticas, venda casada e recusa à licença, implicam alguns efeitos negativos à concorrência em mercados separados. Enquanto o julgamento da aplicação de regras antitruste, às aludidas práticas no mercado secundário de serviços complementares, é dado em termos razoáveis e coerentes,[120] o mesmo não se pode dizer no que tange ao mercado principal. Os titulares da patente do software podem argumentar no sentido de que tal prática não constitui venda casada, mas genuína integração tecnológica e, ainda, sustentar que tais restrições podem levar à eficiência econômica. Por outro lado, os concorrentes no mercado secundário podem ser mais eficientes. Assim, a propriedade intelectual pode blindar os produtos inferiores quando o mercado, por si só, não consegue corrigir a imperfeição.

Entretanto, talvez a questão que suscite mais controvérsia diga respeito às práticas anticoncorrenciais e à padronização de um software específico.

---

[119] Data General Corp. v. Grumman Systems Support Corp., 36 F 3d 1147 (1st Cir. 1994).
[120] Ver Eastman Kodak Co. v. Image Technical Services Inc., 504 U.S. 451 (1992).

O caso Microsoft: padronização, monopolização e antitruste

Microsoft e antitruste: uma breve sinopse

A Microsoft tem estado sob a mira das autoridades antitruste por um longo período. No ano de 1990, a FTC deu início a uma investigação, estimulada pelas reclamações dos principais concorrentes da Microsoft, acerca do uso de algumas cláusulas, nos contratos de licença, para obter posição dominante nos mercados de software. Entre outras coisas, as alegações dão conta de que a Microsoft se valeu da popularidade de seu sistema operacional, Windows, para coagir os fabricantes de computadores a condicionar o Windows à compra de outros produtos.[121] Além disso, os concorrentes alegaram que as licenças concedidas pela Microsoft aos fabricantes de computadores os coagiam a carregar as máquinas vendidas exclusivamente com o sistema Microsoft. Entretanto, enquanto os membros da FTC estavam divididos acerca da natureza das medidas a serem tomadas, o caso permaneceu parado.[122] Mas o Departamento de Justiça dos Estados Unidos resolveu romper a inércia.[123] A denúncia, em 1994, *inter alia*, versava sobre as práticas exclusivistas da Microsoft em licenciamento e distribuição, o que restringia o mercado de computadores, causando o efeito de *lock-in* nos licenciados (OEMs), impedindo, assim, que trabalhassem com os concorrentes da Microsoft.[124] A decisão do caso tende a mitigar o poder da Microsoft nos contratos de licença.[125]

Tal litígio representa uma afirmação mais ampla e substancial acerca da conduta anticoncorrencial do que previa o anterior, podendo causar efeitos não apenas na Microsoft, mas também em larga porção da indústria de software. O caso versa sobre o suposto ímpeto da Microsoft em monopolizar o mercado de software de internet, especialmente de navegadores. A longo prazo, o caso parece objetivar a mitigação da monopolização da rede mundial de computadores, através dos fatores de *path dependence*, compatibilidade e externalidades de rede.

O Departamento de Justiça dos Estados Unidos e mais 20 estados daquele país acusaram a Microsoft em razão de práticas anticompetitivas. Conforme o

---

[121] Ver 63 USLW 2514, 1995-1 Trade Cases P 70, 897 (D.D.C., Feb 14, 1995).
[122] Taylor, 1993.
[123] Id., ibid.
[124] No informe oficial do Departamento de Justiça dos Estados Unidos, citado em Taylor (1996).
[125] US v. Microsoft, 1995 WL 505998 (D.D.C.) (julgamento final).

Tribunal resumiu, em sua recusa de rejeitar todas as denúncias, com a exceção de uma, a Microsoft

> (1) Desarrazoadamente restringiu a concorrência ao encartar o seu navegador de internet no Windows 98; (2) desarrazoadamente restringiu a concorrência ao firmar contratos de fornecimento exclusivo com vários provedores de internet; (3) desarrazoadamente restringiu a concorrência ao impor restrições de telas *boot and start-up* aos OEMs; (4) manteve o monopólio em seu software de sistema operacional através de práticas exclusivistas e predatórias, que incluíam — mas não se limitavam a isso — condicionamento de produtos e contratos de distribuição exclusiva; (5) tentou monopolizar o mercado de navegadores de internet (...) Os Estados Unidos e os estados-membros autores requerem, praticamente, o mesmo remédio, a saber, que a Corte proíba a Microsoft de: (1) firmar ou executar certas cláusulas contratuais que, alegadamente, prejudicam a distribuição e/ou promoção da concorrência no mercado de navegadores de internet; (2) distribuir a versão "integrada" de seu sistema operacional e navegador, a menos que forneça uma maneira prática de remover as funções de navegador e estipule cláusula contratual com OEMs que não desejam licenciar o navegador contendo uma apropriada redução no pagamento de *royalties*; (3) distribuir a versão integrada de seu sistema operacional e navegador, a menos que confira ao navegador da Netscape Corporation (Netscape) o mesmo tratamento dado ao seu em termos de instalação ou remoção; (4) retaliar qualquer OEM que escolha remover o seu navegador do Windows 98.[126]

Contudo, argumenta a Microsoft que apenas exerce os direitos previstos contratualmente garantidos pelo direito do autor.[127] Ao que parece, um dos pontos fulcrais do litígio é a posição dominante no mercado de navegadores de internet que a Microsoft almeja obter através de termos restritivos de licença, deduzidos do poder monopolístico no mercado de sistemas operacionais. A existência de direitos de propriedade intelectual, nos mercados de sistemas operacionais, contribui decisivamente para tais práticas. Não fosse isso, a Microsoft dificilmente teria êxito na imposição de cláusulas restritivas nos contratos de licença.

---

[126] US v. Microsoft, 1998 WL 614485 (D.D.C).
[127] Ibid.

Todavia, o problema reside no fato de que, se as cláusulas contratuais são o reflexo dos direitos de propriedade intelectual da Microsoft, pode a Lei Antitruste limitar o exercício dessa exclusividade? A Corte acena no sentido de favorecer a limitação de tais direitos. Nesse sentido:

> A Lei dos Direitos Autorais não confere à Microsoft o condão de decidir se concede a licença (ou a recusa), como possa parecer. Essa lei não concede ao titular do direito autoral imunidade perante outras leis de aplicabilidade geral, incluindo-se nessas as leis antitruste.[128]

Torna-se possível que, em certas circunstâncias, o titular do monopólio conferido pelas leis de propriedade intelectual possa sofrer limites em seu exercício. A visão global exige respostas às seguintes perguntas: em quais circunstâncias ocorre tal limitação e como o fator de externalidades de rede afeta o julgamento antitruste? Limitará a Lei Antitruste as práticas restritivas impostas pelo titular do padrão de fato sobre os produtos e serviços complementares? O que pode ocorrer é a limitação, pela Lei Antitruste, às práticas do titular do padrão de fato quando se vale dos direitos de propriedade intelectual para alavancar o seu poder monopolístico em mercados separados.

A primeira questão formulada pela Corte é sobre a imposição exclusiva de restrições contratuais aos licenciados (OEMs), sob a condição de não modificação de telas de *boot and start-up*. A Corte parece concluir no sentido de que o licenciado tem o direito de modificar porções de software não protegidas pelos direitos autorais.[129] A Microsoft argumenta que as cláusulas contratuais apenas refletem os seus direitos de propriedade intelectual sobre o software. Nesse contexto, exsurge o problema de se determinar a extensão das porções específicas do software protegidas, e tal consulta pode complicar o caso.

A segunda série de alegações envolve o fornecimento de um produto condicionado à compra de outro e a tentativa de monopolização. Os autores alegam que a Microsoft integrou o seu navegador ao seu sistema operacional, condicionando-os. A partir da ampla publicidade e do texto de Order pode-se perceber que o desenvolvimento de navegadores de internet representa ameaça substancial ao monopólio, titularizado pela Microsoft, dos sistemas

---

[128] US v. Microsoft, 1998 WL 614485 (D.D.C), p. 15.
[129] Ibid., p. 17.

operacionais.[130] O navegador da Netscape é um produto de plataforma cruzada que pode ser executado em diferentes sistemas operacionais. Além disso, a programação Java, incorporada ao Netscape, forma um novo conceito de *tecnologia Java/máquina virtual Java (JVM)*, que é capaz de executar aplicativos escritos nessa linguagem.

O uso da JVM, em conjunto com o navegador da Netscape, é capaz de assegurar que os aplicativos compatíveis com a linguagem Java sejam executados em diferentes plataformas e sistemas operacionais. Enquanto um maior desenvolvimento da tecnologia Java está sujeito a algumas implicações[131] práticas discutidas adiante, a arquitetura aberta Java e sua crescente popularidade podem, potencialmente, reduzir o poder monopolístico da Microsoft.[132]

Como já mencionado,[133] a doutrina do condicionamento deve implicar a junção de dois produtos separados. A Microsoft, ao responder às acusações, argumentou que há uma genuína integração referente a um novo produto, mas, como observou Areeda, "o condicionamento deve ser óbvio, como na forma clássica ou, de alguma maneira, mais delicado, como na venda ou locação de uma máquina a um preço que inclui o serviço 'gratuito'".[134] O caso Jefferson Parish Hospital sugere que a Corte, ao aplicar a regra da razão, deve determinar se a integração dos produtos é, ou não, mais benéfica aos consumidores do que a oferta em separado. Entretanto, mais uma vez exsurgem as dificuldades na análise técnica. Assim, a determinação da existência separada dos produtos condicionados reside em dois fatores.[135]

Primeiramente, há a questão sobre os potenciais efeitos no mercado secundário do produto integrado ao principal.[136] O fato de o navegador ser distribuído gratuitamente obscurece a definição de mercados separados. Provavelmente, a distribuição gratuita é feita, de maneira geral, pelo fato de que os fornecedores, ao oferecerem o produto gratuito junto com o produto principal, garantem serviços complementares, pelos quais provavelmente cobrariam ou,

---

[130] US v. Microsoft, 1998 WL 614485 (D.D.C).
[131] Ver, adiante, o subitem A execução antitruste.
[132] Para uma discussão detalhada, ver também Lemley e McGowan (1998).
[133] Jefferson Parish Hospital v. Hyde, 466 U.S. 2 (1984); Eastman Kodak Co. v. Image Technical Services Inc., 504 U.S. 451 (1992).
[134] *Antitrust law*, de P. Areeda e R. Hovenkamp, citado pela Corte, US v. Microsoft, 1998, p. 17.
[135] Evidenciaram-se esses fatores em razão de estarem praticamente satisfeitos os demais elementos do teste, US v. Microsoft, 1988, p. 10-20.
[136] Ambos os casos, Kodak e Jefferson Parish, concluem pela existência de mercados separados.

no que tange ao software de internet, utilizariam os seus espaços publicitários. Em todo caso, tal fator implica a complexa mistura de produtos ou serviços complementares de internet, e, ao que parece, não há consenso nesse ponto.

Em segundo lugar, há a questão da existência de produtos separados (se a integração é tecnologicamente mais benéfica). A Microsoft afirma que o produto integrado representa um novo paradigma e gera inúmeros benefícios. Por isso, a decisão acerca da existência em separado ou da integração dependeria da complexa análise de fatores técnicos. A presença dessas obscuridades pode tornar a denúncia muito complicada para ser bem-sucedida.

A última série de alegações de considerável importância se dá sobre as reclamações, com base na seção 2 do Sherman Act dos Estados Unidos, denunciando a tentativa da Microsoft de monopolização ilegal, em que os autores alegaram que, por meio de práticas predatórias, a Microsoft intentou monopolizar os mercados relevantes de navegadores de internet.[137] Por outro lado, a Microsoft argumenta que simplesmente se vale de práticas negociais legítimas na promoção da competitividade de seus produtos.

Mas surge novo problema quando se tenta aplicar ao caso as regras antitruste convencionais. De início, os tribunais examinavam as condutas unilaterais dos monopolistas.[138] Este caso, embora contenha circunstâncias similares, ocorre em outro contexto, o que pode modificar o resultado. A internet caracteriza-se por gerar externalidades de rede que tendem à padronização, principalmente no mercado de navegadores.[139] Em consequência, nos mercados de software de internet, pode haver outro padrão proprietário adquirido através de duvidosas práticas legitimadas. Assim, a principal questão recai, novamente, sobre a determinação da anticompetitividade da conduta da Microsoft e na avaliação desses fatos e circunstâncias. Considerar os efeitos de rede e os fatores de compatibilidade pode tornar a análise mais efetiva, mas, por outro lado, demandaria muito mais do que apenas a presença de intentos anticoncorrenciais.

A questão mais controvertida acerca da fatia dos mercados de navegadores relativa à Microsoft pode não ser muito útil, vez que, após uma detalhada análise, a monopolista parece ser a Netscape.[140]

---

[137] US v. Microsoft, 1988, p. 20, 21.
[138] Lemley, 1997a:72.
[139] Id., ibid. p. 1044-1045.
[140] Id., ibid., p. 1077.

Uma interpretação mais ampla da teoria da exclusividade diria que o sistema operacional da Microsoft dispõe de forte externalidade de rede e os direitos proprietários sobre esse produto atuam no sentido de cláusulas exclusivistas. Os titulares de interesses proprietários sobre o software tornado padrão podem alternar entre o padrão aberto — que é a forma preferível para expandir a base de produtos compatíveis e interoperacionáveis e para atrair novos consumidores — e o fechado ou, pelo menos, com interfaces restritivas quando servir para beneficiar suas estratégias negociais.[141] Da mesma forma, o comportamento exclusivo pode se manifestar sob a forma de recusa a licenciar ou licenciar com cláusulas restritivas. Conforme sugerido, a chave para a solução do problema da exclusividade pode ser uma abordagem alternativa aos padrões abertos ou interfaces. Ainda que a padronização aberta apresente deficiências e o órgão definidor do padrão possa ser um alvo da análise antitruste, de modo geral os efeitos advindos de sua adoção são mais favoráveis à concorrência do que os perpetrados pela companhia monopolista.[142]

A teoria dos efeitos de rede proporciona clara exposição dos fatores contributivos ao desenvolvimento e ao sucesso de um certo produto na indústria de software. Entretanto, a proposta acerca da aplicação da Lei Antitruste a redes exclusivistas provoca, pelo menos, duas questões de considerável importância. Em primeiro lugar, a teoria é, por si só, um tanto controversa: em que pesem as explicações, suscita mais perguntas do que fornece respostas.[143] Segundo, ainda que se assuma a suficiência das considerações fornecidas nessa teoria para se dizer que a conduta praticada pela Microsoft preenche a tipicidade da seção 2 do Sherman Act dos Estados Unidos, problemas exsurgem acerca dos remédios cabíveis.

---

[141] De fato, inicialmente o sistema operacional MS-DOS da Microsoft era relativamente aberto, resultando em concorrência entre diversos sistemas operacionais (Compaq DOS, IBM PC DOS, Caldera's DR-DOS). Mais adiante, outros sistemas operacionais mais avançados (por exemplo, IBM OS/2 ou Linux), além de conferirem compatibilidade retrógrada, estimularam a compatibilidade do padrão. Por exemplo, o usuário do IBM OS/2 poderia executar aplicações especialmente desenvolvidas para o MS-DOS (ou Windows 3.xx).
[142] Shapiro, 1999:681.
[143] Outra face desse problema pode ser a de que o impacto dos modelos teóricos de externalidades de rede existentes, influenciando a política antitruste, não deve ser superestimado. Toda vez que o mercado elege um padrão (ou falha na escolha), pode-se dizer que um padrão único é inferior à multiplicidade de padrões, ou a multiplicidade de padrões é inferior a um único padrão, ou elegeu-se o padrão inapropriado. Na verdade, é árdua a tarefa de prognosticar a inferioridade ou superioridade de produtos tão dinâmicos quanto são as tecnologias de software. Ver Liebowitz e Margolis (s.d.). Ver também Foreb (s.d.).

A execução antitruste: a implausibilidade dos remédios convencionais aplicados à tecnologia de software no atual contexto do mercado

A segunda série de problemas oriundos da análise da seção 2, do Sherman Act, é o tipo de remédio antitruste e a sua execução. O escopo precípuo desse tipo de execução é a restauração das condições de concorrência no mercado, eliminando as imperfeições causadas pelas práticas anticoncorrenciais.

A mais sólida base para a execução antitruste é representada pela doutrina dos recursos essenciais. Inicialmente, a referida doutrina foi aplicada à denúncia, que tinha por base a seção 1 do Sherman Act, no caso US v. Terminal Railroads Association, em que um grupo de ferrovias conjuntamente possuía a única estrada de ferro, recusando-se a permitir o acesso de não membros em condições indiscriminadas.[144] De forma similar, em Associated Press v. US Tribune Co., um grupo de editores de jornal coletava, reunia e distribuía notícias, impedindo a participação de não membros.[145] O fator da exclusividade e a noção de que as notícias eram indispensáveis são condições suficientes para configurar o acordo visando prejudicar a concorrência nos termos da referida seção 1.

Para que se possa responsabilizar o agente, quatro elementos devem ser provados: o controle do recurso básico pelo monopolista; a inabilidade (total ou parcial) do concorrente para reproduzir esse recurso; a denegação do uso desse recurso; a possibilidade de fornecê-lo.[146] A teoria dos recursos essenciais propõe que a Microsoft possa ter um dever afirmativo de divulgar a informação proprietária a fim de proporcionar aos concorrentes uma condição razoável.[147] Dito de outra forma, a "Microsoft controla produtos que efetivamente criariam 'gargalos' pelos quais outros fabricantes devem se espremer para adentrarem novos mercados. A doutrina dos recursos essenciais policia a passagem pelo gargalo".[148]

Talvez uma das formas de policiamento possa ser a estipulação do dever afirmativo à Microsoft de divulgar as informações protegidas, produzindo

---

[144] US. v. Terminal Railroads, 224 U.S. 383 (1912). Ver também o item Licença de software e direito antitruste.
[145] Associated Press v. US Tribune Co., 326 U.S. 1 (1945).
[146] Ver MCI Communications Corp. v. AT&T, 708 F 2d 1081, 1132-381 (7th Cir., 1982), cert. denied, 464 US 801 (1983), p. 1.132-1.133. Ver também Hecht v. Pro-Football Inc., 570 F.2d 982, 992, 93 (D.C. Cir., 1977), cert. denied, 436 US 956 (1978).
[147] Donahey, 1997:277, 291; Vermut, 1997:59-60.
[148] O'Rourke, 1998:36.

efeitos nos mercados secundários, através da licença compulsória.[149] Assim, a questão a ser resolvida será a identificação da parte do software protegido pelos direitos autorais que influencia o mercado secundário. A resposta requer uma consideração detalhada do equilíbrio entre a preservação dos incentivos à pesquisa e desenvolvimento e o benefício adveniente da inovação e concorrência dos futuros fabricantes nos mercados de produtos complementares.[150]

Em que pese o potencial sucesso, em tese, dessa fórmula, a sua aplicação parece enfrentar reais dificuldades. Primeiro, a natureza específica de um software, em fase de atingir posição dominante ou a padronização, deixa em aberto a questão do "monopólio natural", que é uma das bases lógicas da aplicação da doutrina dos recursos essenciais. Enquanto a Microsoft detém o poder monopolístico, há diversos sistemas operacionais capazes de realizar tarefas similares.[151] Segundo, a dinamicidade dos mercados de software, a alta velocidade da inovação no setor e, ao reverso, a notória demora dos procedimentos judiciais nos casos antitruste sugerem que a aplicação da doutrina dos recursos essenciais volta-se mais às práticas já ocorridas do que objetiva impedir futuros efeitos negativos de alegadas condutas anticoncorrenciais. Ademais, tal doutrina pressupõe a essência relativamente estável da tecnologia (*facility*), o que já basta para satisfazer o interesse público do uso compartilhado.[152] Em sentido oposto, há forte tendência de que a nova tecnologia possa, rapidamente, substituir a antiga.[153] Então, emerge a questão central — qual o custo da aplicação dessa teoria e quais os fatores que contribuem para a sua proposta? Infelizmente, até o momento, a teoria econômica oferece modelos conflitantes na tentativa

---

[149] Ver entrevista com Economides (1999), argumentando que a divulgação compulsória das interfaces da aplicação de aplicativos, embora indesejada, pode ser a segunda melhor maneira de limitar os efeitos provocados pela Microsoft (ou suas práticas).

[150] Praticamente, deve-se notar que, em certa medida, a Microsoft preserva seu compromisso com o padrão aberto pela divulgação de alguns APIs usados no Windows 98 e/ou tecnologias de internet. Aparentemente, isso é feito como parte de sua estratégia de expandir a rede de aplicativos desenvolvidos especialmente para serem executados na plataforma da Microsoft. Por exemplo, houve, recentemente, o anúncio de nova tecnologia de internet — COM e Active/X — que pode significar a aguardada alternativa à tecnologia Java e às informações técnicas divulgadas dos APIs. Ver: <www.microsoft.com/com/ news/press.asp>. Ver também Carr (1998).

[151] Por exemplo, IBM OS/2, Linux, Sun OS etc.

[152] Por exemplo, a ponte, ou a informação, parece ter uma tendência relativamente fraca para modificar os seus aspectos funcionais, ou, em outras palavras, uma ponte permanece uma ponte mesmo que seja expandida ou seus componentes estruturais tenham sido modificados.

[153] Por exemplo, a emergente plataforma cruzada da tecnologia Java pode, efetivamente, legar à obsolescência o paradigma de plataforma orientado do Microsoft Windows.

de explicar e prognosticar aplicações dessa espécie.[154] Terceiro, a presença dos fatores de externalidades de rede, conduzindo os mercados à padronização, poderá elevar, a longo prazo, um novo produto ao nível de padrão de fato, ou, dito de outra forma, poderá haver a simples substituição de um padrão por outro. Esse fator, por si só, impede a aplicação das regras antitruste. Por fim, a presunção fundamental do Sherman Act é a de que protege a concorrência, não os concorrentes. O requisito do monopólio do titular da informação protegida para que se possa divulgá-la torna o licenciamento compulsório um incentivo à produção do "efeito carona" dos esforços e investimentos a serem feitos pelos fabricantes de tecnologia, podendo, ainda, não ser suficiente para justificar a essencialidade da tecnologia e do benefício público do aproveitamento coletivo.[155] Ademais, não se reputa provável que a doutrina dos recursos essenciais será invocada como uma arma antitruste contra a Microsoft ou qualquer outro fabricante de software.

Contudo, quando a conduta restritiva no sentido da manipulação da padronização e da interoperabilidade (perseguindo a expansão do monopólio existente e a limitação da concorrência) se faz desejável e a aplicação direta das leis antitruste se demonstra problemática, a solução específica pode vir dos mercados de tecnologia.

As guerras Java: alternativa tecnológica à aplicação antitruste

O objetivo parece estar definido — assegurar a sustentabilidade da inovação através de padrões abertos e elevar ao mais alto nível a concorrência pela aquisição do padrão.

Particularmente, a solução possível pode vir dos mercados de tecnologia. A tecnologia Java, desenvolvida pela Sun Microsystems, representa um novo conceito em compatibilidade de plataforma cruzada.[156] Inserida em navegadores de rede, a interface Java capacita programas escritos em sua linguagem a serem executados em diferentes sistemas operacionais e o desenvolvedor do

---

[154] Para discussão mais detalhada, ver Choi (1997), argumentando pela padronização como um modelo de adoção tecnológica; Farell e Katz (1998), observando que a incompatibilidade pode estimular a introdução de tecnologias superiores.
[155] Além disso, a aplicação da doutrina dos recursos essenciais à propriedade intelectual ainda não prosperou.
[156] Para mais detalhes, ver <http://java.sun.com>.

aplicativo Java não precisa se preocupar com questões de compatibilidade de multiplataformas. Mais precisamente, a tecnologia Java é descrita como a

> tecnologia [que] compreende um ambiente de programação de aplicações que confere ao desenvolvedor do software a habilidade para criar e distribuir uma versão única do código de programação, o qual é capaz de operar em diversos, e até mesmo incompatíveis, sistemas de plataformas e navegadores.[157]

A popularidade e a expansão dos aplicativos Java são fatores suficientes para ameaçar o poder monopolístico da Microsoft.[158] Além disso, a Sun formulou um pedido à Organização Internacional para a Padronização (ISO), pleiteando o reconhecimento da plataforma Java como um padrão internacional.[159] Se o pedido for bem-sucedido, ter-se-á que pela vez primeira um produto privadamente desenvolvido e titularizado se torna um padrão aberto.

Ao que parece, a possibilidade de aprovação pela ISO reflete a ponderação de que as externalidades de rede nos mercados de alta tecnologia tende a conduzir, rapidamente, a padrões de fato, que são geralmente proprietários, e o valor dos padrões abertos recrudescerá, contribuindo para o desenvolvimento da concorrência. A estratégia da Microsoft, da integração de navegador e sistema operacional, objetiva controlar a compatibilidade e a interoperabilidade de plataforma cruzada pela conquista da padronização proprietária nos mercados de navegadores, em oposição à padronização aberta, e o principal foco de atenção do Departamento de Justiça dos Estados Unidos parece residir aqui.[160]

Ademais, a Sun protocolizou uma reclamação, alegando que a Microsoft vem tentando desalojar o padrão Java™ com a introdução de especificações incompatíveis, as quais são, ainda, inconsistentes com as cláusulas de licença de tecnologia. A Microsoft, por outro lado, argumenta que a sua versão da tecnologia Java é a específica implementação em seus produtos, adquirindo, dessa forma, melhores resultados.[161]

---

[157] Sun v. Microsoft, 999 F. Supp. 1301 (1998).
[158] US v. Microsoft, 1998 WL 614485 (D.D.C), p. 12.
[159] Ver <http://java.sun.com/aboutJava/standardization/>.
[160] DOJ's Complaint, 1096 PLI/Corp. 409 (1998).
[161] Sun v. Microsoft, 999 F. Supp. 1301 (1998), p. 18.

Todavia, o fator problemático é que as reclamações da Sun têm por base não apenas a violação de cláusulas de licenciamento, mas também a infração a direitos de propriedade intelectual. Não obstante a condição de padrão aberto e a consequente renúncia pela Sun de alguns direitos autorais patrimoniais e do segredo de negócio, ela é proprietária, ainda, dos direitos de marca. O corolário de tal situação pode ser o perigo da simples substituição de um padrão por outro e o poder de seu titular para, mais cedo ou mais tarde, prejudicar futura concorrência.[162]

Outrossim, há algumas implicações práticas. A tecnologia Java é mais uma nova interface baseada nos já abertos protocolos de internet e, assim, todo o seu valor, suas vantagens e eficiências dependem disso. Primeiramente, a atual implementação técnica da tecnologia Java nos navegadores de rede é lenta, e a sua execução em outros aplicativos requer substanciosos recursos computacionais e conexões, que ainda não estão disponíveis a todos, podendo conduzir ao desenvolvimento de tecnologias alternativas.[163] Segundo, ainda há uma certa classe de aplicativos que podem funcionar no modo autônomo, sem depender da internet. Por exemplo, Microsoft Excel ou Word podem operar de modo autônomo e, ainda que a conexão seja requerida, tal recurso pode ser facilmente implementado através das interfaces existentes, sem o uso da tecnologia Java. Assim, a tecnologia Java ocuparia áreas específicas do mercado.

Entretanto, a relativa flexibilidade e abertura de um padrão, juntamente com a premissa de que a alta velocidade do processo tecnológico pode resolver os problemas técnicos do Java, levam à ponderação de que essa tecnologia pode ser um competidor em potencial dos existentes paradigmas proprietários de plataformas dependentes.

Conclusões

Em suma, ao que parece, os elementos discutidos não dão conta de especificar, claramente, qual o papel do direito antitruste em se tratando de software. As teorias antitruste parecem não corresponder aos fatos do presente caso. Mais do que providenciar explicações razoavelmente claras, as proposições da análise econômica da regulação antitruste, nesse caso, geram mais questionamentos e

---

[162] Para discussão mais detalhada, ver Lemley e McGowan (1998).
[163] Atualmente, a Microsoft está ativamente fazendo o marketing de seus novos produtos — tecnologias COM and Active/X —, ditos potenciais concorrentes (ou sucessores) do Java (ver n. 150).

pontos obscuros que estão por ser analisados. O fulcro do problema parece ser que, ao se definir a amplitude da regulação antitruste, os conceitos de externalidades de rede e direitos proprietários foram embaralhados, levando, assim, a resultados incoerentes. A resposta específica à atual controvérsia pode advir de outras áreas que não as focalizadas pela análise antitruste. A próxima parte avaliará, detalhadamente, as alternativas viáveis.

Alternativa

Avaliação: a possibilidade de conciliação entre as leis antitruste e de propriedade intelectual

Por que não uma abordagem não-interventiva (hands-off)?

À luz da discussão acerca da tecnologia Java e das considerações de que o software, ainda que protegido por práticas anticoncorrenciais — o que é ineficiente —, será superado por nova tecnologia, pode-se argumentar que a intervenção jurídica na indústria de software constitui-se em redundância. O mercado, pelas próprias forças, é capaz de corrigir as imperfeições temporais na área de tecnologia, pela superveniência de uma nova tecnologia, mais apropriada, e os titulares das posições dominantes terão de continuar a desenvolver novos produtos, de modo a permanecerem competitivos. Tal argumento é provido de méritos, mas goza de maior eficácia em mercados de concorrência quase perfeita. Assim, não leva em consideração os fatores de exclusividade e efeitos de aprisionamento tecnológico, situações nas quais os custos de mudança e adaptação a uma tecnologia nova e superior são demasiado substanciais. Pode-se, outrossim, lançar mão do argumento segundo o qual, se a tecnologia concorrente é acentuadamente superior, e seus benefícios podem compensar os custos de mudança e adaptação, a transformação eventualmente ocorrerá. Entretanto, tecnologias acentuadamente superiores não são desenvolvidas com muita frequência e os custos de sua introdução podem ser elevados. Em qualquer caso, o fator temporal afeta a assiduidade de introdução de inovação, e isso deve ser considerado.

  Ademais, há a assertiva de que as regras jurídicas disponíveis podem fornecer os estímulos apropriados à concorrência e aos concorrentes. Em particular, a Lei dos Direitos Autorais, se limitar os poderes monopolísticos do titular, poderá ser um ensejo legítimo à engenharia reversa de um programa de computador, de modo a se alcançar a interoperabilidade ou revelar as porções[164] insuscetíveis de proteção, mas não há prova de sua eficiência.

Na prática, a engenharia reversa de aplicativos é um processo difícil e que requer esforços substanciais para aproximar ao máximo o código decompilado ao original, e a grande dimensão dos softwares modernos torna esse processo praticamente impossível. Ainda, em certas circunstâncias, do ponto de vista econômico, a conquista da compatibilidade através do processo de engenharia reversa pode não fazer muito sentido. Isso porque os desenvolvedores do software, do qual se está a perscrutar a compatibilidade, regularmente modificam o código-fonte de suas aplicações e, toda vez que o programa for atualizado por uma nova versão, os concorrentes terão de empregar copiosos procedimentos de decompilação.

Por outro lado, se adotada a abordagem não interventiva, corre-se o perigo de que as futuras imperfeições do mercado, alimentadas pelas práticas anticoncorrenciais dos titulares do monopólio dos direitos proprietários, continuem a recrudescer e, em consequência, a concorrência seria desestimulada. A ampliação dos poderes monopolísticos em sede de mercados complementares afetará, nesse sentido, o ritmo das inovações sequenciais. Os titulares das posições dominantes, pela imposição de cláusulas restritivas acerca da interoperabilidade, desincentivam os desenvolvedores de produtos complementares a inovar.

Com efeito, a posição monopolística, titularizada por um desenvolvedor de software, fortalecida pelas externalidades de rede serve como fator adicional desestimulante aos significativos fabricantes cujos produtos podem ser os verdadeiros concorrentes nos mercados. De fato, tais fatores, conduzindo à posição dominante no mercado, mas não em decorrência do "monopólio natural", tornam os custos do monopólio muito elevados, do ponto de vista do bem-estar social. Assim, a aplicação da abordagem não interventiva, baseada na crença de que os mercados se corrigem por suas próprias forças, pode se apresentar errônea a longo prazo.

Contudo, o próximo questionamento que emerge de tal problema diz respeito a que abordagem deve ser adotada, e o que se pode fazer para conciliar dois diferentes e conflitantes setores do direito. A análise econômica aplicada

---

[164] Digital Millenium Copyright Act, 17 USC. §12 1998; Sega v. Accolade, 977 F 2d 1510 (9th Cir., 1992).

à regulação antitruste, nos casos de tentativa de monopolização, não forneceu uma resposta clara e, ao se sopesarem os fatores pró e anticoncorrenciais das restrições impostas, pode-se chegar a resultados incoerentes.

Não obstante as decisões dos casos futuros serem tomadas com base nos fatos específicos, ao se avaliarem a função própria e a amplitude da regulação antitruste, dois importantes aspectos teóricos de sua aplicação devem ser considerados.

Primeiro, deve-se notar que, no caso de uma nova tecnologia superar a já existente, o papel antitruste deve ser o de "julgador", atentando para a preservação das condições razoavelmente iguais no mercado.[165]

Segundo, muitos dos casos citados referem-se à transferência de tecnologia de software, e envolvem as leis de direitos autorais e contratual, direta ou indiretamente. Na formulação da terapia jurídica apropriada quando da análise de práticas anticompetitivas, é relevante que se tenha em vista os papéis desses dois setores do direito, e o entendimento de sua mais eficiente função pode contribuir na correção da análise antitruste, conduzindo, assim, a resultados mais coerentes no alcance de um equilíbrio razoável.

A função das leis contratuais e de direitos autorais no contexto da monopolização

Em razão da natureza peculiar da proteção autoral no que tange ao software, os titulares desse direito proprietário obtêm uma posição dominante e, em consequência, munem-se de maior poder de barganha ao negociar a licença. Além disso, a incerteza acerca da extensão da proteção autoral torna difícil a conciliação com o setor antitruste. No contexto das restrições verticais, os titulares de direitos autorais de tecnologia de software deparam-se, constantemente, com alegações antitruste sobre a monopolização dos mercados secundários, o que, em alguns casos (Microsoft, por exemplo), pode ser razoável. Nesse processo, dois fatores interligados parecem exercer um importante papel. Primeiro, há incerteza na amplitude da proteção, capacitando os titulares dos direitos autorais a estenderem os seus direitos exclusivistas através das licenças, enquanto, ao reverso, o seu âmbito original, no que tange ao software, tem sido substancialmente limitado à violação não literal. Segundo, derivado indiretamente do primeiro fator, não é definida a posição do mercado secundário sob os direitos

---
[165] Lemley, 1997a:1092.

autorais. Ao reverso, o âmbito de aplicação da proteção patentária é determinado pelo seu registro, e logo após é definida a aplicabilidade das declarações nos mercados complementares.[166]

De início, a proteção autoral era invocada nos tribunais contra a violação não literal.[167] Todavia, no caso de licenciamento de tecnologia, não resulta clara a função exercida pelos direitos autorais. Nas transações de transferência de tecnologia, a violação literal não ocorre com frequência, porque é fechada e direta a relação entre os participantes e em virtude da proteção dos direitos proprietários. A questão da infração não literal está se tornando, também, bastante controvertida, vez que porções das aplicações de software podem ser insuscetíveis de proteção autoral, particularmente se comprovado o seu desenvolvimento independente pelo réu.[168] Ademais, atualmente, o software, como tecnologia, está se tornando muito complexo em termos de dimensão.

Esses fatores, juntamente com a recente tendência percebida nos litígios, demonstram que o principal instrumento de proteção de tecnologia de software é o segredo de negócio. O software moderno (como os sistemas operacionais) geralmente contém milhões de linhas no código-fonte e, consequentemente, a sua implementação em código-objeto pode ser vasta. O desenvolvimento de software concorrente é viável somente através da apropriação indevida do código-fonte do produto original, porquanto a aplicação de métodos tecnológicos alternativos não resulta razoavelmente efetiva.[169, 170] Assim, parece que o papel dos direitos autorais no licenciamento de tecnologia é o de extrair as cláusulas restritivas, muito mais do que guarnecimento contra infrações.

A razão aparente para tamanha proteção, a qual é limitada, deriva de fato de que, na origem, o software era tratado como criação de arte, ao passo que na atualidade é mais cuidadosamente visto como tecnologia.[171] Nesse sentido,

---

[166] Ver 35 USC § 112.

[167] Ver o subitem Direito autoral, em que se discute a proteção aos direitos autorais. A infração literal, ou o plágio, tem sido omitida da discussão, vez que, até o momento, não tem relação direta com as políticas antitruste referentes a integração vertical e restrições.

[168] Ver Lotus Dev. Corp. v. Borland Int'l, 49 F 3d 815, 827 (1st Cir., 1995), afirmando que interfaces não são passíveis de proteção; Sega v. Accolade, 977 F 2d 1510 (9th Cir., 1992), concluindo que a cópia de aspectos funcionais do programa de computador é legítima.

[169] Conforme já demonstrado, o emprego da engenharia reversa pode não apresentar eficiência (ver subitem Por que não uma abordagem não interventiva (hands-off)?.

[170] Apesar da evidente apropriação indevida do código-objeto, parece que o produto concorrente não será considerado uma infração, sob o caso Lotus v. Borland.

[171] A proteção por direitos autorais foi inicialmente conferida para o código-objeto dos programas de computador, o que foi importante nos primórdios do desenvolvimento da indústria de computadores.

a incerteza acerca da amplitude da proteção autoral contribui para que o seu titular propugne por expansivas posições nos mercados secundários, o que enseja preocupações do ponto de vista concorrencial.

O problema da promoção do monopólio faz surgir questões relacionadas ao segundo fator mencionado, a saber, como são definidos os mercados secundários a partir da Lei dos Direitos Autorais. A analogia com a lei de patentes pode não se provar bem-sucedida, vez que o âmbito de aplicação da proteção patentária é determinado pelo seu registro, e a amplitude da proteção autoral é determinada pelos aspectos funcionais do produto. Da mesma forma, a análise antitruste dos mercados de software baseada na consideração econômica, conforme já anotado, produz resultados não totalmente incompatíveis com o exame das leis de direitos autorais e de patentes.[172] Assim, tal incerteza contribui para que os titulares dos direitos autorais obtenham posição dominante nos mercados não cobertos pelos aspectos funcionais do produto. Em que pese essa posição ser considerada anticoncorrencial sob a seção 2 do Sherman Act, a tipicidade não é preenchida. Nesse sentido, no que tange à conduta anticoncorrencial no contexto da alegada monopolização, a relação entre direitos autorais e lei contratual se torna importante. Uma análise mais detalhada dos direitos e restrições nos contratos de licença tem o condão de lançar luz sobre a solução do problema.

Em alguns casos, a relação entre as duas leis é clara. Por exemplo, as proibições contratuais impostas pelo cedente, referentes à engenharia reversa ou o desenvolvimento de incrementos ou modificações, sugerem que resultaram excedidos os limites da amplitude dos direitos autorais.[173] Enquanto tais restrições contratuais podem ser o resultado de simples barganha, em certas circunstâncias, por outro lado, tais limitações podem decorrer de direitos exclusivistas.

Em outros casos, a situação torna-se obscura. Por exemplo, no caso Microsoft, argumenta-se que as cláusulas contratuais meramente ecoam os direitos do cedente, o que está protegido pelos direitos autorais que titulariza. Entretanto, o que permanece não revelado é a maneira pela qual os direitos autorais são usados em tais acordos. A natureza "coercitiva" do exercício desses direitos, na tentativa de fortalecer o monopólio, pode causar indesejáveis resultados, com o prejuízo da concorrência. O termo "coercitividade" sugere que

---

[172] Data General Corp. v. Grumman Systems Support Corp., 36 F 23 1147 (1ˢᵗ Cir. 1994).
[173] Lewis Galoob Toys Inc. v. Nintendo of America Inc., 964 F 2d 965 (9ᵗʰ Cir., 1992); ver Laude e Subin (1996).

os direitos de propriedade intelectual não têm sido usados, majoritariamente, com o intuito de impedir a violação aos direitos daqueles que os titularizam, para o que foram originariamente destinados, mas como meio de aquisição de posição dominante.

Exemplificando, pode-se notar que, no contexto das relações verticais, a Microsoft exerce os seus direitos proprietários sobre o sistema operacional com o intuito de condicionar a sua licença a diferentes produtos, sendo que a probabilidade de violação desses direitos, pelos agentes do mercado de distribuição final do produto, é irrisória.[174] Em consequência disso, parece que a Microsoft excedeu as fronteiras prescritas pela propriedade dos direitos autorais, ao compelir os licenciados a aceitarem cláusulas restritivas de licença, resultando no fortalecimento de seu monopólio.

Essa análise objetiva elucidar o exame das assertivas ditas protetoras dos direitos autorais, contratualmente previstas, no que se refere aos mercados secundários, e, assim, quando de sua aplicação pelos tribunais, nos casos em que as teorias econômicas alcançam diferentes resultados, obter-se-ão conclusões mais coerentes. Tal análise fornece um modelo básico para a melhor compreensão do papel dos direitos autorais ante as práticas anticoncorrenciais. Ao se aplicar o sugerido, pode-se observar que o exame antitruste traçará os limites às situações em que o exercício dos diretos autorais ultrapassa suas fronteiras originais. Além disso, o exame antitruste realizado desse ponto de vista, por meio da lei contratual a fim de se restabelecer a circunscrição inicial e impedir futuras distorções, dificilmente será revolucionário e é improvável que cause danos pelo enfraquecimento da proteção dos incentivos conferidos pelas leis de propriedade intelectual.

---

[174] É improvável a ocorrência da infração literal porque uma única cópia, ou a pretensão do potencial infrator em fazer passar o sistema operacional como se seu fosse, o exporia às responsabilidades das leis de direitos autorais, marcas e patentes. Ainda, a natureza da relação entre os contratantes, com a interação próxima de cedente e licenciado (tanto nas negociações quanto nos processos subsequentes de exploração da licença), serve como um fator preventivo adicional. A infração não literal, da mesma forma, tem ínfima chance de ocorrer, porque nas licenças verticais integradas, geralmente, não se apresenta economicamente razoável desenvolver produtos concorrentes em razão dos altos custos de pesquisa e desenvolvimento, exceto nos casos em que a integração completa existe (por exemplo, a IBM está desenvolvendo o OS/2 juntamente com a produção de computadores pessoais) ou o produto venha a se tornar um padrão aberto (o caso do MS-DOS).

Uma abordagem sui generis

Percebendo a inadequação dos regimes existentes de proteção da propriedade intelectual e contemplando as alternativas, alguns doutrinadores propõem a introdução de um modelo *sui generis*. Levando-se em consideração a especificidade do software, assinalam eles que o valor dessa tecnologia pode não residir nos conceitos habitualmente previstos pelas já postas leis de propriedade intelectual.[175] Particularmente, argumentam que o valor original do programa de computador reside em seu funcionamento, e o emprego das leis convencionais de patentes e de direitos autorais, concentradas que são em outros aspectos, tem levado a uma forma inadequada de proteção.[176]

Na proposta do tratamento *sui generis*, sugerem os doutrinadores a mudança de fundamento, afastando-se das regras de "propriedade" intelectual e fixando-se sobre as bases do paradigma da "responsabilidade". Em outras palavras, a ideia central é de que todos estão autorizados a infringir, todavia o grau de similaridade determinará a base de cálculo para o pagamento dos *royalties* ao criador original do software, devendo estar registrado e acessível ao público.

Ainda, o regime proposto fornece ao desenvolvedor do software o intervalo de tempo necessário para recuperar os investimentos feitos e preserva os incentivos à inovação, embora, com a expiração do termo, os demais desenvolvedores possam criar os seus próprios produtos baseando-se no desenvolvimento do inovador original, com subsequentes alocações de *royalties*. Uma vez que a inovação no desenvolvimento de software ocorre, majoritariamente, de maneira a incrementá-lo, avançando a teoria *sui generis* para se incorporar essa premissa, tem-se sugerido a criação de repositórios de códigos de programas de computador, os quais poderão, no futuro, ser acessados para a promoção do desenvolvimento de diferentes softwares por uma quantia fixada para o

---

[175] Samuelson et al., 1994:2334.
[176] Samuelson et al. (1994:2364-2365) observam que "o *status quo* [do regime legal existente] pode parecer confortável, mas é instável. Muito do que se considera valioso no software não pode ser protegido apropriadamente pelo regime jurídico existente, o que faz com que ocorram os ciclos de subproteção e superproteção. Se assim permanecer, esses ciclos não desaparecerão. Na verdade, propendem a piorar com o desenvolvimento da indústria" (tradução livre de: "*[T]he status quo [of existing legal regime] may seem comfortable but it is unstable. Much of what is valuable in software cannot be appropriately protected by existing legal regimes, yet this very fact is what drives the cycles of under- and overprotection. Left unaddressed, these cycles will not simply die down. Indeed they are likely to grow worse as the industry matures*").

pagamento de *royalties*.[177] Dessa forma, o regime proposto parece fornecer razoável acomodação entre os interesses públicos e privados.

De certa forma, a abordagem *sui generis* assemelha-se aos objetivos políticos do direito antitruste. Ambos levam em conta a característica incremental das inovações em softwares e a necessidade de proteção às inovações subsequentes. Ambos, ainda, evidenciam a necessidade de interoperabilidade como uma condição particular de preservação da concorrência e inovação. Nesse sentido, é provável que o fator das externalidades de rede possa ser mais facilmente integrado à abordagem antitruste, em comparação com as leis de propriedade intelectual. Sob a abordagem *sui generis*, os mercados tendentes à padronização de um produto específico, após a expiração do intervalo de bonificação, tornar-se-ão os mercados dos padrões abertos — em razão dos requisitos de acessibilidade constantes do registro —, em oposição aos padrões proprietários conferidos pelos modelos de propriedade intelectual, estimulando-se, assim, a concorrência.

Em suma, embora o regime *sui generis* esteja longe da perfeição e a sintonia fina esteja ainda por ser feita, constitui-se em alternativa plausível capaz de albergar os novos conceitos de externalidades de rede e *path dependence* e, então, desenvolver a tecnologia de software, ao mesmo tempo que evita desnecessários confrontos com a política antitruste.

Implicações mais amplas para os tribunais e as autoridades

A presença de externalidades de rede opõe dificuldade aos tribunais e às autoridades. Outrossim, a indefinida extensão da proteção triangular conferida pelas leis de patentes, direitos autorais e segredo de negócio traz mais dificuldades. De um lado, as externalidades de rede direcionam o mercado à padronização de um produto em particular e as regras de propriedade intelectual reforçam tal tendência.

Por outro lado, há certos sinais de condutas anticompetitivas sob a forma de práticas restritivas (*i.e.*, condicionamento de produtos) no licenciamento de software aos distribuidores finais. As leis antitruste vislumbram tais práticas, no contexto das relações verticais, de início, como pró-concorrência, mas na situação atual do mercado, afetado por externalidades de rede e *path dependence*, elas conduzem à monopolização de fato, o que, em outras palavras, significa "padronização".

---

[177] Samuelson et al., 1994:2427, 2430. Ver Lemley e O'Brien, 1997.

A situação torna-se ainda complicada em razão das dificuldades em se distinguir a padronização da monopolização, na presença de direitos proprietários que legitimam, de certa forma, a exclusividade de seu titular. A análise antitruste convencional das restrições verticais, em sede de tentativa de monopolização, pela avaliação de custos e benefícios das condutas restritivas conduz a resultados incoerentes. Além do que, a consideração da intenção anticoncorrencial, com base na análise da seção 2 do Sherman Act, requer que os tribunais se esforcem em prever os supostos intentos monopolistas fiando-se em dados obscuros. Ao mesmo tempo, as ditas práticas anticoncorrenciais imiscuem-se em contratos, nos quais os direitos de propriedade intelectual servem, usualmente, como meio de impor restrições. Assim, como uma perspectiva alternativa, os tribunais deveriam concentrar as suas atenções, quando dos contratos de licença, nas relações entre direitos autorais e lei contratual, e na natureza dos direitos exercidos em tais contratos.

Em todo caso, os tribunais devem abordar as denúncias de monopolização cautelosamente, sopesando os direitos do titular desse tipo de propriedade e os danos anticoncorrenciais advenientes. Talvez a árdua tarefa de conciliar os conflitantes setores do direito possa ser mais bem desempenhada pelas autoridades antitruste. Ambas as leis, de propriedade intelectual e de direitos autorais, implicam base política racional e perseguem os mesmos objetivos, cada uma à sua maneira.

O desenvolvimento de software trouxe, perfeitamente, as abordagens conflitantes de ambos os setores do direito, quando, inicialmente, era considerado trabalho literário, mas, agora, parece ser mais uma questão de tecnologia e utilitarismo puros. Assim, as autoridades devem investigar, também, o problema da conveniência do direito autoral como um instrumento de proteção aos incentivos à pesquisa e desenvolvimento, especialmente na indústria de software. Parece improvável que a lei de direitos autorais, originariamente projetada para proteger criações de arte, seja adequada para a proteção de desenvolvimentos tecnológicos.

A investigação empírica acerca do impacto causado pelos direitos autorais nos incentivos à pesquisa e desenvolvimento contribui para o desfecho da controvérsia. Além disso, a aplicação da proteção *sui generis* merece ser considerada. Tendo incorporado os novos conceitos e doutrinas (efeitos de rede), capacita-se para se tornar uma alternativa aos direitos autorais, elucidando a questão. A implementação das citadas recomendações contribuirá para o entendimento da função da propriedade intelectual no contexto da lei antitruste.

Conclusão

O dinamismo do desenvolvimento tecnológico suscita questões substancialmente árduas, para as quais a análise antitruste tenta encontrar respostas apropriadas. Uma vez que os direitos proprietários protegem os donos da tecnologia, a aplicação direta das regras convencionais antitruste pode levar a distorções nessa delicada área, pela mitigação dos incentivos à inovação, o que é uma das principais preocupações das leis de propriedade intelectual. Dessa forma, ao se julgar a anticompetitividade de uma conduta, empregam-se a análise econômica das circunstâncias fáticas e a consideração dos efeitos favoráveis e contrários à concorrência.

Entretanto, ainda surgem dificuldades para se determinar a validade e a amplitude da intervenção antitruste. Os problemas provocados pelas potenciais práticas restritivas, nas indústrias de tecnologia de software, evidenciam-nas. Em particular, os casos julgados revelam que há uma tendência de estender os poderes exclusivos conferidos pelos direitos de propriedade intelectual para mercados separados. Tal ampliação gera situações capazes de restringir a concorrência nesses mercados e, em conseqüência, causa o decréscimo do movimento de inovação, e os tribunais concluem que, em certas circunstâncias, a análise antitruste pode limitar as referidas práticas abusivas. Contudo, em exame mais detalhado dos casos, percebe-se que tais condutas devem preencher a tipicidade anticoncorrencial posta, a fim de sustentar a intervenção na interface de ambos os setores legislativos (antitruste e propriedade intelectual).

A situação parece ser diferente, de alguma forma, quando se vislumbram as externalidades de rede, direcionando o mercado à padronização de um produto em especial. As ações movidas contra a Microsoft fornecem um vasto campo de análise acerca dessas novas questões. A padronização de um produto proprietário, por si só, pode não suscitar a responsabilização pelo prejuízo à livre concorrência, mas pode, em certa medida, suprimir a competição dinâmica (inovação) em mercados de produtos ou serviços concorrentes e complementares. Uma alternativa pode ser a padronização aberta.

De maior relevância, a natureza específica do software e a nebulosa extensão da proteção triangular conferida pelas leis de patentes, direitos autorais e segredo de negócio, complementadas por fatores de externalidades de rede, tornam possível a durabilidade de um software e que os proprietários da tecnologia exerçam seus direitos exclusivistas por meio dos contratos de licença e fortaleçam seu monopólio, estendendo-o aos mercados secundários. Enquanto tal alocação de recursos confere rentável retorno ao titular dos direitos proprietários, pelos investimentos feitos, do ponto de vista do consumidor e do bem-estar social, tal monopolização pode não ser tolerável, vez que, restringindo a concorrência, decresce-se o movimento de inovação, o que só faz elevar as barreiras à entrada de novas tecnologias e os custos dos concorrentes.

A solução natural pode ser a cláusula de interoperabilidade, mas a análise econômica antitruste nos mercados afetados por externalidades de rede não apresenta resultados coerentes. Por um lado, há certos sinais de comportamento restritivo, mas, por outro, há as considerações da propriedade intelectual sobre a proteção aos incentivos aos seus titulares, e os tribunais esforçam-se para alcançar o equilíbrio apropriado. A abordagem não interventiva pode até ser razoável a curto prazo, mas a longo prazo pode levar a imperfeições no mercado e ao monopólio, acarretando danos ao bem-estar social. O ponto fulcral desse problema é que, diferentemente da análise antitruste, a qual tem, em certa medida, integrado os conceitos de interoperabilidade e de externalidades de rede, as leis de propriedade intelectual têm, ainda, de incorporar as noções de externalidades de rede. Entretanto, o que ainda se mostra obscuro é a relação entre as leis contratual e de propriedade intelectual, no contexto das práticas anticoncorrenciais.

Conforme foi sugerido, diversos aspectos podem contribuir para a solução da presente controvérsia. Primeiramente, os tribunais devem estabelecer o foco na interseção entre as leis contratual e de propriedade intelectual, tendo por objeto de análise a conduta dos titulares do direito de propriedade intelectual, vislumbrando se excederam ou não as fronteiras iniciais quando do contrato de licença. Assim, a imposição de restrições às contratações dificilmente feriria os incentivos protegidos pela propriedade intelectual. Segundo, levando em consideração o dinamismo da tecnologia, capaz de fornecer uma alternativa plausível ao padrão proprietário existente, os tribunais devem concentrar-se em providenciar um palco de atuação horizontal e condições iguais às tecnologias de software concorrentes, impedindo o uso de exclusividade pelo detentor do padrão para fortalecer os seus poderes monopolísticos.

Mais uma vez, a análise das formas pelas quais os direitos de propriedade intelectual são exercidos mediante cláusulas restritivas conduziria a resultados mais apropriados e coerentes. Terceiro, considerando os objetivos por trás das noções antitruste e de propriedade intelectual, as autoridades devem questionar a conveniência dos direitos autorais, inicialmente desenvolvidos para a proteção de criações de arte, no contexto das tecnologias dinâmicas, como o software. Esta discussão sugere que a abordagem *sui generis* providenciará melhores respostas para o problema da proteção apropriada às tecnologias de software.

Assim, a compreensão das medidas sugeridas no âmbito do direito comparado contribuirá para iniciar o debate no Brasil acerca da tensão existente entre as noções de propriedade intelectual e antitruste.

Referências

Legislação

Bankruptcy Act 11 U.S.C §3.

Clayton Act 15 U.S.C. §§12-27, 29 U.S.C. §§ 52-53 (1904).

Copyright Act 17 U.S.C §§1-12.

Digital Millenium Copyright Act (DMCA) 17 U.S.C. §112.

Patent Act 35 U.S.C. §§1-37.

Restatement (First) of Torts §757 (1939), 14 U.L.A. 438 (1990).

Restatement of Unfair Competition §39 (1995).

Sherman Act 15 U.S.C. §§1-7 (1890).

Jurisprudência

Addomax Corp. v. Open Software Foundation Inc., 888 F. Supp. 274 (D. Mass., 1995).

Apple Computer Inc. v. Franklin Computer Corp., 714 F 2d 1240 (3rd Cir., 1983).

Associated Press v. US Tribune Co., 326 U.S. 1 (1945).

Atari Games v. Nintendo of America Inc., 897 F.2d 1572, 1576 (Fed. Cir., 1990).

Brement & Sons v. National Tooth Harrow, 186 U.S. 70 (1902).

Broadcast. Music Inc. v. CBS Inc., 441, U.S. 1 (1979).

Computer Associates Inc. v. Altai Inc., 982 F 2d 683 (2nd Cir., 1992).

Continental T.V. Inc. v. GTE Sylvania Inc., 433 U.S. 36 (1977).

Data General Corp. v. Grumman Systems Support Corp., 36 F 3d 1147 (1st Cir., 1994).

Diamond v. Diehr, 450 US 175 (1980).

Eastman Kodak Co. v. Image Technical Services, Inc., 504 U.S. 451 (1992).

General Talking Pictures Co. v. Western Electric Co., 304 U.S. 175 (1931).

Gottschalk v. Benson, 409 U.S. 63 (1972).

Hecht v. Pro-Football Inc., 570 F.2d 982, 992, 93 (D.C. Cir., 1977), cert. denied, 436 US 956 (1978).

In Re Beauregard, 53 F3d 1583 (Fed. Cir., 1995).

Jefferson Parish Hospital v. Hyde, 466 U.S. 2 (1984).

Lewis Galoob Toys Inc. v. Nintendo of America Inc., 964 F 2d 965 (9th Cir., 1992).

Lotus Dev. Corp. v. Borland Int'l, 49 F 3d 815, 827 (1st Cir., 1995).

Lotus v. Paperback, 740 F. Supp. 37 (1990).

MCI Communications Corp. v. AT&T, 708 F 2d 1081, 1132-381 (7th Cir., 1982), cert. denied, 464 US 801 (1983).

Morton Salt Co. v. G. S. Suppiger Co., 314 U.S. 488, 491 (1942).

Motion Picture Patents Co. v. Universal Film Mfg. Co., 243 U.S. 502 (1917).

Northern Pacific Railways. v. U.S., 356 US 1 (1958).

Parker v. Flook, 437 U.S. 584 (1978).

Secure Service Technology v. Time & Space Processing Inc., 722 F. Supp. 1354 (1989).

Sega v. Accolade, 977 F 2d 1510 (9th Cir., 1992).

State Street Bank & Trust Co. v. Signature Financial Group Inc., 149 F.3d 1368, 47 U.S.P.Q.2d (BNA) 1596 (Fed. Cir. 1998), cert. denied, 67 U.S.L.W. 3302 (U.S. Jan. 11, 1999).

Sun v. Microsoft, 999 F. Supp. 1301 (1998).

US v. Colgate & Co. 250 US 300 (1919).

US v. Line Material Co., 333 US 287 (1948).

US v. Microsoft, 1995 WL 505998 (D.D.C.) (final judgement).

US v. Microsoft, 1998 WL 614485 (D.D.C).

US v. Terminal Railroads, 224 U.S. 383 (1912).

US v. Terminal Roads Association, 224 US 383 (1912).

Whelan v. Jaslow, 797 F 2d 1222 (3rd Cir., 1986).

Williams Elec. v. Artic Int'l Inc. 685 F 2d 870 (3rd Cir., 1982).

Livros

AREEDA, P. *Antitrust analysis*: cases and materials. 2. ed. Boston: Little Brown, 1974.

BAUMOL, W.; ORDOVER, J. Antitrust: source of dynamic and static inefficiences? In: TEECE, J.; JORDE, D. *Antitrust, innovation and competitiveness*. New York: Oxford University Press, 1992.

BORK, R. *The antitrust paradox*: the policy at war with itself. 2. ed. New York: Maxwell MacMillan, 1993.

CLAPES, A. L. *Softwars*: the legal battles for control of the global software industry. Newport: Quorum Books, 1993.

CORNISH, W. *Intellectual property.* 3. ed. London: Sweet & Maxwell, 1996.

HANNEMAN, H. W. A. M. *The patentability of computer software*. Deventer: Kluwer Law and Taxation Publishers, 1985.

LLOYD, I. J. *Information technology law*. 2. ed. London: Butterworths, 1997.

REED, C. *Computer law*. 3. ed. London: Blackstone, 1996.

SCHLICHER, J. *Licensing intellectual property*: legal, business and market dynamics. New York: John Wiley, 1996.

SZYMANSKY, R.; SZYMANSKY, D.; MORRIS, N.; PULSCHEN, D. *Introduction to computers and information systems*. 2. ed. New York: Macmillan, 1991.

TEECE, J.; JORDE, D. *Antitrust, innovation and competitiveness*. New York: Oxford University Press, 1992.

Artigos

BLACK, E.; PAGE, M. Add-on infringements: which computer add-ons and perihperials should (and should not) be considered infringing derivative works under Lewis Galoob Toys v. Nintendo of America and other recent decisions? *Hastings Comm/Ent. L. J.*, v. 15, p. 615, 1993.

BRIAN, A. Competing technologies, increasing returns, and lock-in by historical events. *Econ. J.*, v. 99, p. 116, 1989.

BURKE, T. P. Software patent protection. *Notre Dame L. Rev.*, v. 69, p. 1115, 1994.

CHOI, J. P. Herd behavior, the penguin effect and the depression of informational diffusion: an analysis of informational externalities and payoff tendency. *Rand J. Econom.*, v. 28, p. 407, 1997.

CLASSEN, H. Fundamentals of software licensing. *Idea J. L. & Tech.*, v. 37, p. 1, 1996.

DONAHEY, T. Terminal railroad revisited: using the essential facilities doctrine to ensure accessibility to internet software standards. *Aipla Q. J.*, v. 25, p. 277, 1997.

ECONOMIDES, N. The economics of networks. *Int'l J. Ind. Org.*, v. 16, p. 673, 1996.

FARELL, J.; KATZ, M. The effects of antitrust and intellectual property laws on compatibility and innovation. *Antitrust Bull.*, v. 43, p. 609, 1998.

GATES, S. P. Standards, innovation and antitrust: integrating innovation concerns into the analysis of collaborative standard setting. *Emory L. J.*, v. 47, p. 583, 1998.

HAMILTON, M. Software tying arrangements under antitrust law: a more flexible approach. *Denv. U. L. Rev.*, v. 71, p. 701, 1994.

HUBER, T. Modifications and enhancements in software licensing agreements. *Colo. Law*, v. 23, p. 589, 1996.

KAPLOW, L. The patent-antitrust intersection: a reappraisal. *Harv. L. Rev.*, v. 97, p. 1813-1827, 1984.

KATZ, M.; SHAPIRO, C. Network externalities, competition and compatibility. *Am. Econ. Rev.*, v. 75, p. 424-440, 1985.

_____; _____. Systems competition and network effects. *J. Econ. Persp.*, v. 8, p. 93, 1994.

KATZ, R.; HAND, J.; SNYDER, T. Courts adopt a practical approach: post Kodak working guide to market definition. *Antitrust*, v. 11-SPG, p. 38, 1997.

LAUDE, R.; SUBIN, S. Reverse engineering of computer software and US antitrust laws. *Harv. J. L. & Tech.*, v. 9, p. 237, 1996.

LEMLEY, M. Antitrust and internet standardization problem. *Conn. L. Rev.*, v. 28, p. 1041, 1997a.

_____. Beyond preemption: law and policy of intellectual property licensing. *Calif. L. Rev.*, v. 87, p. 111, 1997b.

_____. Convergence in the law of software copyright? *High Tech. L. J.*, v. 10, p. 1, 1997c.

_____. Legal implications of network externalities. *Calif. L. Rev.*, v. 86, p. 479, 1998.

_____; MCGOWAN, D. Could Java change everything? The competitive propriety of a proprietary standard. *Antitrust Bull.*, v. 42, p. 621, 1998.

_____; O'BRIEN, D. Encouraging software reuse. *Stanford L. Rev.*, v. 49, p. 255, 1997.

LIEBOWITZ, S.; MARGOLIS, S. Path dependence, lock-in, and the history. *J. L. Econ. & Org.*, v. 11, p. 205, 1995.

_____; _____. *Are network externalities a new source of market failure?* s.d. Disponível em: <wwwpub.utdallas.edu/~liebowit/netwextn.html>. Acesso em: July 20, 1999.

O'ROURKE, M. Striking a delicate balance: intellectual property, antitrust, contract, and standardization in the computer industry. *Harv. J. L. & Tech.*, v. 12, n. 1, p. 41, 1998.

POPOFSKY, M. L.; POPOFSKY, M. S. Vertical restraints in the 1990s: is there a "Thermidorian reaction" to the post-Sylvania orthodoxy? *Antitrust L. J.*, v. 62, p. 729-738, 1994.

REICHMAN, J. Legal hybrids. *Colum. L. Rev.*, v. 94, p. 2500-2530, 1994.

REIDENBERG, J. US software protection: problems of trade secret estoppel under international and Brazilian technology transfer regimes. *Colum. J. Transnat'l L.*, v. 53, p. 679, 1985.

SALOP, S.; ROWEINE, R. C. Preserving monopoly: economic analysis, legal standards and Microsoft. *Geo. Mason L. Rev.*, v. 7, p. 617, 1999.

SAMUELSON, P.; DAVIS, R.; KAPOR, M.; REICHMAN, J. A manifesto concerning the legal protection of computer programs. *Colum. L. Rev.*, v. 94, p. 2308-2375, 1994.

SCHEINFIELD, R.; BUTTER, G. Using trade secret law to protect computer software. *Rutgers Computer & Tech. L. J.*, v. 17, p. 381, 1995.

SHAPIRO, C. Exclusivity in network industries. *Geo. Mason L. Rev.*, v. 7, p. 673, 1999.

SUMMER, J. Software objects: a new trend in programming and software patents. *Computer Law*, v. 12, n. 11, p. 15, 1995.

TETER, T. S. Merger and the machines: an analysis of the pro-compatibility trend in computer software. *Stan. L. Rev.*, v. 45, p. 1061, 1993.

TOM, A.; NEWBERG, J. From separate spheres to a unified field. *Antitrust L. J.*, v. 66, p. 167, 1997.

VERMUT, R. A synthesis of intellectual property and antitrust: a look at refusals to license computer programs. *Colum. — VLA J. L. & Arts*, v. 22, p. 26, 1997.

WEGNER, R. Non price vertical restraints: the good, the bad and the ugly. *Am. L. Institute Course*, SD62 ALI-ABA 63, 1997. Available at Westlaw.

Outros documentos

BINGAMAN, A. K. *Competition and innovation*: bedrock of the American economy. Address of the Assistant Attorney General, Antitrust Division, U.S. Department of Justice, before the University of Kansas Law School, Sept. 19, 1996. Disponível em: <www.usdoj.gov/atr/speeches/960919ks.htm>.

CARR, D. Microsoft pushing Java? As a path to COM sure! *Internet World*, Nov. 2, 1998. Disponível em: <www.internetworld.com/print/1998/11/02/webdev/19981102-enterprise.html>.

ECONOMIDES, Nicholas. *Microsoft anti-trust trial*. June 1, 1999. Entrevista em About.com. Disponível em: <http://economics.about.com/library/weekly/aa060199.htm>.

FEDERAL TRADE COMMISSION. *Dell Computer settles FTC charges*. Nov. 2, 1995. Press release. Disponível em: <www.ftc.gov/opa/1995/9511/dell.htm>.

FOREB, L. *Network externalities*. s.d. Disponível em: <www.antitrust.org/economics/ vertical/network.html>.

NATIONAL STANDARDS POLICY ADVISORY COMMITTEE. *National policy on standards for the United States and a recommended implementation plan*. Washington, DC, 1978.

OECD. *Measuring electronic commerce*: international trade in software. Apr. 30, 1998. Document of the OECD Working Part on the Information Economy. DSTI/ICCP/IE(98)3/FINAL.

SCIENCE AND ENGINEERING INDICATORS. *Research and development*: funds and alliances. chap. 4. Disponível em: <www.nsf.gov/sbe/srs/seind98/frames.htm>.

TAYLOR, R. FTC closes antitrust probe of Microsoft; Antitrust Division begins its own probe. *Antitrust and Trade Reg.*, Aug. 26, 1993. News and Comment.

TAYLOR, S. What to do with Microsoft monster? *The Am. Law.*, Nov. 1996.

THE 1995 ANTITRUST GUIDELINES FOR LICENSING OF INTELLECTUAL PROPERTY. Issued by the U.S. Department of Justice and Federal Trade Comission. Disponível em: <www.usdoj.gov/atr/public/guidelines/ipguide.htm#t21>.

THE US COPYRIGHT OFFICE SUMMARY. *The Digital Milenium Copyright Act 1998*. 1998. Disponível em: <www.loc.gov/copyright/dmca.pdf>.

U.S. DEPARTMENT OF COMMERCE. *The emerging digital economy II*. 1999. Report. Disponível em: <www.ecommerce.gov/ede/ede2.pdf>.

U.S. DEPARTMENT OF JUSTICE. Complaint of the U.S. Department of Justice in U.S. v. Microsoft, 1096 PLI/Corp. 409 (1998).

_____. *The Justice Department approves joint licensing of patents*. Dec. 17, 1998. Press release. Disponível em: <www.usdoj.gov/atr/public/press_releases/1998/2120.htm>.

USPTO. *Examination guidelines for computer related inventions*. s.d. Disponível em: <www.uspto.gov/web/offices/com/hearings/software/analysis/computer.html>.

VARNEY, C. A. Why innovation market analysis makes sense. *FTC News Release*, Mar. 15, 1995. WL 112078. Available in Westlaw.

Websites visitados

Anti-Piracy Page of the Software Publishers Association: <www.spa.org/piracy/default.htm>.

Information about the economics of networks, by N. Economides: <http://raven.stern.nyu.edu/networks/top.html>.

Java™ standardization: <http://java.sun.com/aboutJava/standardization/>.

The Sun's Java™ Technology Information Centre: <http://java.sun.com>.

The U.S. Department of Commerce: <www.doc.gov>.

The U.S. Department of Justice: <www.usdoj.org>.

The U.S. Federal Trade Commission: <www.ftc.gov>.

Apêndice

Glossário

ARPANet (Advanced Research Projects Agency Network): a precursora da internet. Desenvolvida no fim dos anos 1960 e início dos anos 1970, pelo Departamento de Defesa dos Estados Unidos, como um experimento de ampla área de conexão para manter-se interligada mesmo em circunstâncias críticas.

Base instalada: o número de usuários (ou número de unidades de um produto vendidas) de uma mesma plataforma de software ou hardware. Por exemplo, a base instalada dos videocassetes VHS é a coleção de videocassetes dos vários fabricantes (JVC, Toshiba, Panasonic etc.) que rodam fitas VHS.

Bottleneck: uma parte de uma rede para a qual não há substituto disponível no mercado.

Código-fonte: programa de computador escrito em uma das linguagens de programação (*i.e.*, C, Java, Pascal). O código-fonte é um insumo para um compilador ou outro programa de computador, de modo a criar outro programa, equivalente, escrito em código-objeto.

Código-objeto: é o código resultante da compilação do código-fonte. É composto por uma sequência de "zeros" e "uns", que pode ser lida por um computador. O código-fonte é a linguagem de programação utilizada pelos programadores de software.

Compatibilidade: habilidade para funcionar em outro aparelho ou sistema sem sofrer modificações, especialmente sendo um computador fabricado para operar da mesma forma e usando o mesmo software que outro computador.

Componentes compatíveis: dois componentes complementares A e B são compatíveis quando podem ser integrados para produzir um novo bem ou serviço composto. Por exemplo, o modelo VHS de videocassete é compatível com a fita VHS. Dois componentes substitutos A1 e A2 são compatíveis quando cada um pode ser integrado com um bem complementar B a fim de produzir um produto ou serviço. Por exemplo, duas fitas VHS são compatíveis. Da mesma forma, os dois videocassetes VHS são compatíveis.

Economia de escala: economias de escala configuram-se quando o custo de produção por unidade decresce à medida que mais unidades do mesmo bem são produzidas. Recentemente, o termo "economias de escala" tem sido usado para descrever, mais genericamente, a situação em que o valor da última unidade produzida [(a quantidade de dinheiro que os consumidores estão dispostos a pagar pela última unidade) — (o custo médio por unidade produzida)] aumenta com o número de unidades produzidas.

Externalidade de rede: uma rede exibe o efeito das externalidades de rede quando o seu valor cresce na medida em que maior é o número de seus usuários. Em uma rede tradicional, as externalidades de rede aparecem porque qualquer usuário pode interagir com outros usuários de redes maiores. Em uma rede virtual, as externalidades de rede surgem porque a realização de mais vendas do produto A induz maior disponibilidade dos produtos complementares B1, ..., Bn, crescendo, assim, o valor do produto A. O aumento do valor do produto A resulta em futuros *feedbacks* ou retornos positivos. Apesar do ciclo de *feedbacks* ou retornos positivos, geralmente se espera que o valor do produto A não se eleve excessivamente, em razão de que se espera a diminuição do *feedback* ou retorno positivo adicional com o aumento do tamanho da rede.

Interoperabilidade: capacidade de um sistema usar dados ou componentes de outro sistema sem modificá-los.

Java: uma linguagem de programação de plataforma independente desenvolvida pela Sun Microsystems. Java funciona, principalmente, em navegadores.

Navegador de rede: um programa de computador que permite aos usuários ler documentos em hipertexto na internet e navegar entre eles. São exemplos Netscape, Mozilla Firefox, Lynux e Microsoft Internet Explorer.

Path dependence: dependência, que tem um sistema ou uma rede, das decisões passadas tomadas por produtores e consumidores. Por exemplo, o preço pelo qual o videocassete VHS pode ser vendido hoje é dependente do número de videocassetes VHS vendidos anteriormente (base instalada de VHS).

Redes: são compostas de terminais e *links* complementares. O principal perfil que define as redes é a complementaridade entre os vários terminais e *links*. Um serviço prestado pela rede requer o uso de dois ou mais de seus componentes.

Rede virtual: coleção de produtos compatíveis (que compartilham uma plataforma técnica comum). Por exemplo, todos os videocassetes VHS formam uma rede virtual. Da mesma forma, todos os computadores com Windows 95 podem ser vistos como uma rede virtual.

Sistema operacional: principal programa do computador que organiza tarefas, gerencia arquivos e estabelece a comunicação com os periféricos.

TCP/IP: Protocolo de Controle de Transmissão (TCP) / Protocolo de Internet (IP) — esses protocolos foram desenvolvidos por Darpa, para estabelecer a comunicação entre diferentes tipos de computadores e diferentes tipos de rede. O Protocolo de Internet fornece o envio de dados, entre computadores, em bloco. TCP é uma conexão orientada e fornece múltiplas e confiáveis conexões.

Lista de abreviaturas

API: Application Program Interface.

DOC: The U.S. Department of Commerce.

DOJ: The U.S. Department of Justice.

FCC: The U.S. Federal Communications Commission.

FDA: The U.S. Food and Drug Administration.

FTC: The U.S. Federal Trade Commission.

ISO: International Organization for Standardization.

JVM: Java Virtual Machine.

OEM: Original Equipment Manufacturer.

USPTO: The U.S. Patents and Trademark Office.

Este livro utilizou as fontes AGaramond
e ReykjavikTwo-CGauge no miolo
e Blue Highway na capa.
Foi impresso em papel offset 75g,
no Rio de Janeiro, em novembro de 2009,
nas oficinas da gráfica Armazém das Letras.